U0594538

数字经济背景下现代服务业
与先进制造业协同发展研究

冯 银 严 飞
陶珍生 唐 韬　著

重庆出版社

图书在版编目（CIP）数据

数字经济背景下现代服务业与先进制造业协同发展研究 / 冯银等著. -- 重庆 : 重庆出版社，2025. 1.
ISBN 978-7-229-18749-1

Ⅰ. F726.9；F426.4

中国国家版本馆CIP数据核字第2025UJ9602号

数字经济背景下现代服务业与先进制造业协同发展研究
SHUZI JINGJI BEIJING XIA XIANDAI FUWUYE YU XIANJIN ZHIZAOYE XIETONG FAZHAN YANJIU

冯 银　严 飞　陶珍生　唐 韬　著

责任编辑：袁婷婷
责任校对：廖应碧
装帧设计：寒　露

▲　重庆出版社　出版

重庆市南岸区南滨路 162 号 1 幢　邮编：400061　http://www.cqph.com
定州启航印刷有限公司印刷
重庆出版社有限责任公司发行
全国新华书店经销

开本：710mm×1000mm　1/16　印张：12.5　字数：200 千
2025 年 4 月第 1 版　2025 年 4 月第 1 次印刷
ISBN 978-7-229-18749-1

定价 :78.00 元

如有印装质量问题，请向重庆出版社有限责任公司调换：023-61520417

版权所有　侵权必究

前言

在数字经济的大背景下，现代服务业与先进制造业的协同发展逐渐成为经济领域的关键议题。本书致力于探讨两者如何在数字化浪潮中更好地互补、融合和协同，以实现更高效、持续和有竞争力的发展，共分为以下八个部分。

第一章为绪论，明确指出进入数字经济的新时代，全球经济格局与产业结构都面临着前所未有的挑战和机遇。作为一个富有深度和广度的研究主题，现代服务业与先进制造业的协同发展在数字经济背景下变得尤为重要。绪论部分为本书定下基调，明确了探索的背景，强调当前环境下对此议题研究的迫切性。通过对研究的目的与意义进行解读，本部分旨在阐明协同发展对于经济持续增长和社会稳定的核心价值，为整体研究提供了一个清晰、系统的路径和方向，使得读者能够更好地跟随研究的步伐，深入探讨各个议题。

第二章为数字经济的新时代特征，明确了进入 21 世纪，数字经济以其独特的魅力和影响力，逐渐成为经济学界和产业界的热点。本章深入挖掘数字经济的本质属性，尝试对其进行定义，追溯其发展历程，从源头上理解数字经济的起源和演变。同时，本章对比数字经济与传统经济，揭示了两者之间的差异和联系，为读者展现了数字经济在全球范围内的发展趋势和对未来经济的潜在影响。

第三章为数字经济背景下现代服务业的技术经济特征，指明现代服务业作为经济的重要组成部分，在数字经济的背景下显得尤为关键。本章致力于分析现代服务业如何适应并融入数字经济环境，探讨服务业的定义、分类，及其在数字技术影响下的转型和创新，进一步解析数字技术为服务业带来的机遇与挑战，以及如何制定有效的发展策略来应对新时代的变革。

第四章为数字经济背景下先进制造业的技术经济特征，主要阐明先进制造业在全球经济中占据举足轻重的地位，其在数字经济背景下的转型、挑战和机遇，都是值得深入研究的方向。本章从先进制造业的定义和分类出发，探讨了数字化如何助推制造业的变革，以及这种变革带来的好处和挑战。此外，本章对先进制造业在全球范围内的布局和竞争策略进行了深入的分析。

第五章为现代服务业与先进制造业的协同机制，指出在全球经济的大背景下，现代服务业与先进制造业的协同合作已经成为一种趋势。本章探讨两者之间的交互关系，旨在揭示协同发展的核心驱动力。首先，从服务业与制造业的交互关系开始，深入解析了协同的理论基础，为读者提供了一个更为宏观的视角。其次，结合实际应用，本章进一步讨论了协同的目标、任务，以及协同发展过程中可能出现的风险，并为这种协同合作模式总结了关键的成功因素。

第六章为数字技术在协同发展中的应用，提出数字技术已深入经济的每一个角落，成为现代产业发展的核心驱动力。本章重点分析了大数据、云计算、人工智能、机器学习等现代数字技术如何在服务业和制造业的协同发展中发挥关键作用。同时，通过实例分析，展示了智能制造和服务创新如何利用这些技术实现真正的价值创造。

第七章为实践指导与策略建议，强调理论研究的最终目的是为实际应用提供指导。本章从实际操作的角度，为现代服务业和先进制造业提供了数字化发展的策略建议。从战略的高度，深入探讨了如何利用数字技术推动服务业和制造业的协同发展，并为这一进程提供了具体、实用的策略与方法。

第八章为结论与展望，是本书的结尾部分，对整体内容进行了总结，指出了研究中的关键发现和结论。同时，本章针对协同发展的未来趋势进行了预测，为未来研究者和决策者提供了宝贵的建议。最后，本章对未来研究方向进行了展望，希望能够激发更多的学者对这些新方向进行深入探讨。

目录

第一章　绪论

第一节　研究背景

一、数字技术的飞速发展

（一）产业融合与变革日益明显

在当前的经济背景下，数字技术如繁星点点，照亮了传统产业的前进之路。大数据、云计算、人工智能等技术，正像一股潮流，深入各个产业的每一个角落，为传统制造业和服务业注入了新的生命力。例如：大数据技术凭借其强大的数据处理能力，对海量的信息进行有效分析，为企业决策提供科学依据；云计算技术让数据存储和处理变得更加简单、灵活和低成本，企业无须投入巨资购买硬件设备，就可以获得强大的计算能力；人工智能技术将计算机的"智慧"提升到一个新高度，使其能够理解、学习和执行复杂的任务，甚至超越人类的某些能力。

这些数字技术的应用，为传统产业带来了革命性的变化。无论是资源、信息还是技术，都可以在数字化的平台上迅速流通和整合，打破了过去各个产业之间的固有界限。例如：在制造业领域，人工智能技术的应用，让机器不再是简单的工具，而是变成了可以自主思考、自主决策的"伙伴"。生产过程中的各个环节，如设计、采购、生产、销售等，都可以通过数字技术实现自动化和智能化，极大地提高了效率，降低了成本。而对于现代服务业，数字技术同样起到了巨大的推动作用。在金融领域，可以通过大数据技术分析客户的消费习惯、信用历史等信息，为

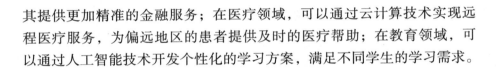

其提供更加精准的金融服务；在医疗领域，可以通过云计算技术实现远程医疗服务，为偏远地区的患者提供及时的医疗帮助；在教育领域，可以通过人工智能技术开发个性化的学习方案，满足不同学生的学习需求。

（二）经济增长模式已经开始重塑

在数字化浪潮的冲击下，经济的增长轨迹已经发生了深刻的变革。曾经，经济的增长被视为一个线性过程，依赖于资源的持续投入，如土地、劳动力和资本，以及市场的不断扩张。但随着数字技术的进步，经济增长的逻辑正在发生颠覆性的变化。数字技术，尤其是大数据、云计算和人工智能，为经济带来了创新驱动的增长模式。与传统的资源驱动型增长相比，这种增长模式的核心是创新。企业不再仅仅依赖于规模经济，而是通过技术创新、产品创新和商业模式创新，来实现经济效益的最大化。例如：一款新的数字化产品，只需开发一次，就可以在全球范围内销售，获得巨大的市场份额和经济收益。

数据，在这种增长模式中，被赋予了核心的价值。数据不仅是生产和经营活动的基础，更是企业创新的源泉。通过对数据的分析和挖掘，企业可以发现市场的新需求，开发出更具竞争力的产品和服务。同时，智能化的应用，如机器学习和人工智能，使得数据处理和决策过程更加高效和精准，这为经济带来了更高的生产率和增长潜力。更为重要的是，这种基于数字技术的增长模式，具有更强的包容性和公平性。在传统的增长模式中，资源丰富的地区和大型企业往往是主要的受益者，而资源贫瘠的地区和小型企业则处于劣势。而在数字化的增长模式中，地理位置、规模和资源的限制被大大削弱。通过互联网和数字技术，即使是小型企业和个体创业者，也可以参与全球市场，分享增长的红利。

（三）社会治理与服务创新的要求已经上升至新高度

目前，数字技术已经深刻影响了社会治理的方式和方法。这种技术赋能，让社会治理与公共服务变得更为智能和高效，数字技术的发展面临着前所未有的机遇，但也伴随着挑战。以大数据技术为例，它为社会风险管理带来了颠覆性的变革。过去，预测和应对风险常常基于经验和直觉，缺乏足够的数据支持。而今，大数据技术允许从海量信息中提取有用的知识信息，从而更加精准地预测各种社会风险，如经济风险、环境风险和公共健康风险。这种预测能力不仅增强了风险的防控效果，还降低了应对风险的成本。

此外，云计算和物联网技术正在为智慧城市的建设提供强大的技术支撑，在智慧城市的框架下，各种传感器、摄像头和其他设备不断收集城市的各种数据，如交通流量、能源消耗和环境污染。这些数据通过云计算进行分析和处理，为城市管理者提供实时的决策支持。因此，交通拥堵、能源浪费和环境污染等城市问题可以得到更为有效的解决。更值得关注的是，数字技术为政府决策过程带来了新的可能性。传统的决策过程常常依赖少数专家和官员的判断，而缺乏广泛的公众参与和透明度。而现在，数字技术允许广大公众参与决策过程，如通过在线咨询、公共投票和数据共享等方式参与。这不仅增强了决策的民主性和透明度，还使得决策更为科学和客观。因为当决策基于大量的数据和广泛的公众意见时，它就更有可能反映真实的社会需求和利益。

二、全球产业链的重组与调整

（一）全球经济一体化的新格局已经形成

在这个日益全球化的时代，经济纽带变得愈加紧密，与此同时，数字经济的迅速崛起进一步深化了这种联系。随着时间的推移，地理和物理的距离已不再是决定性的因素，不再束缚企业和个人。数字技术的涌现与应用，无疑推翻了以往的合作和交易模式。想象一下，当今的企业不再需要面对复杂烦琐的跨国流程。通过数字平台，人们可以轻易地与世界各地的合作伙伴建立联系，进行无缝的信息交换和资源共享。而消费者也受益于这种转变，因为他们可以轻松获取来自世界各地的产品和服务，而不需要离开家门。

更为关键的是，这种数字经济的发展已经改变了全球的经济格局，传统的市场和资源边界正在被重新定义。企业和国家不再只是基于地理位置来确定他们的合作伙伴或市场，而是基于互联网的连通性、技术的兼容性和市场的需求。这种经济的转变给人们带来了巨大的机会。对于发展中国家和发达国家来说，这意味着可以接触到更广阔的市场、获取到更丰富的资源，能够与世界各地的合作伙伴建立更紧密的合作关系。而对于企业来说，这意味着有更大的机会去拓展业务，提高效率和创新。然而，这种转变也带来了挑战。全球的产业链正在经历前所未有的重组与调整。企业需要重新思考他们的业务模式、供应链和合作伙伴关系，同时需要适应新的市场需求，以便在这种快速变化的环境中找到自己的立足之地。

（二）产业融合的深化与创新已成必然趋势

随着数字经济的不断崛起，传统产业之间的边界逐渐变得模糊。以前那些清晰、独立的产业现在受到数字化的冲击，开始出现交叉与融合的趋势。这种融合现象并不是偶然，而是数字化带来的必然结果，因为数字化可以打破传统的操作方式，使得原本看似不相关的产业产生紧密的联系。例如：信息技术与制造业之间的结合，让制造业摆脱了传统的生产方式。通过数字化工具和先进的算法，制造业可以更加精确地预测市场需求，实现个性化生产，提高生产效率和质量。再如，金融与互联网的结合，让金融业摆脱了传统的服务方式。数字化工具使得金融服务更加便捷、高效，使得金融更加普惠。

这种融合不仅仅是简单的两种技术或产业的结合，更是一种全新的思维方式和操作模式的结合。在这种模式下，产业不再是孤立的，而是相互联系、相互促进的。每一个产业都可以从其他产业中获取到新的知识和技术，从而实现自身的快速发展和创新。不可否认，这种融合为经济带来了新的增长点。在数字经济的推动下，新的产业和商业模式层出不穷。这些新的模式不仅仅是对传统模式的优化，更是对传统模式的颠覆和重构。例如：共享经济打破了传统的拥有和消费模式，让资源使用更加高效；区块链技术打破了传统的信任机制，为各种交易和合作提供了新的基础。从这个角度看，产业融合的深化与创新不仅仅是产业发展的必然趋势，更是数字经济时代的标志。人们只有真正理解和把握这一趋势，才能在这个时代中找准自己的位置，实现经济的持续增长。

（三）对新发展模式的探索与应对提出了新要求

随着全球化的不断深化，经济之间的联系也变得日益紧密。全球产业链的重组与调整已经成为一个不可忽视的现象，它既给人们带来了前所未有的机遇，也带来了诸多的挑战。现代服务业与先进制造业的交融与协同是这一现象的显著特点，服务业，特别是数字服务、金融服务等高端服务业，为制造业提供了强大的支撑。而先进制造业，如智能制造、绿色制造等，又为服务业提供了广阔的市场空间和应用场景。这种交融与协同不仅推动了产业的升级，也为经济带来了新的增长点。

但是，这种新的经济模式也带来了许多不确定性。例如：如何确保服务业与制造业的有机结合，使之达到最佳的效益；如何在全球化的背景下，保持自己的竞争优势，避免被边缘化；如何应对由于产业链重组带来的就业、环境等社会问题都是国家在面对全球产业链的重组与调整时必须考虑的问题。要想在这种复杂的局面中找到出路，必须深入研究现代服务业与先进制造业的交融与协同。为了更好地理解这种新的经济模式，除了对产业本身的研究外，还需要对相关的政策、法律、技术等进行全面的研究。只有这样，人们才能在全球经济的大潮中稳健前行。

三、提高经济效率与创新能力的需求

（一）现代经济的核心竞争力已经发生转变

随着经济全球化的进程加速，各国都面临着前所未有的挑战和机遇。经济效率与创新能力的重要性日益凸显，它们已经逐渐成为各国经济发展的核心竞争力。研究这两者之间的关系的原因如下。一是经济效率意味着更少的资源可以创造更多的价值。在资源有限的情况下，如何更好地分配和利用资源，确保每一个环节都能达到较大的效益，是每一个决策者都必须考虑的问题。而在全球化的大背景下，这种效率的要求变得更加迫切。因为在一个高度互联的世界中，任何的浪费或者低效都可能导致失去市场机会，甚至影响整个经济的稳定和发展。二是创新能力是推动经济前进的引擎。特别是在数字时代，技术的发展日新月异，各种新的模式、工具、平台层出不穷。如何在这种快速变化的环境中，不断地进行自我更新并寻找新的经济增长点，对于国家和企业来说都是一个巨大的挑战。只有不断地创新，才能够找到新的市场、新的客户、新的产品，从而为经济带来持续的增长动力。三是经济效率与创新能力结合在一起会产生强大的竞争力。这种竞争力可以帮助国家和企业在全球化的大潮中稳步向前，确保自己的利益不受损害，甚至能够在这种激烈的竞争中占据有利的地位。

（二）数字技术在资源配置中的关键作用日益凸显

目前，数字技术已经渗透经济的每一个角落，成为推动经济高速发展的关键因素。提到数字技术，人们首先想到的往往是大数据、人工智能等尖端技术。但事实上，这只是冰山一角。数字技术还包括云计算、物联网、区块链等多种技术，这些技术都能为经济的发展提供强大的动力。例如，过去企业在制订生产计划时，往往需要依赖市场调研、销售预测等传统手段，但现在借助大数据技术，企业可以实时收集到市场的反馈信息，这使得生产计划可以更加精确、更加及时。同时，人工智能技术可以帮助企业进行生产过程的优化，确保每一个环节都能得到较大的效益。

具体来说，云计算技术为企业提供了强大的计算能力，使得复杂的数据分析、模型建立等工作变得轻而易举。这不仅为企业节省了大量的成本，还为决策提供了更加准确的数据支持。当然，物联网、区块链等技术也能为经济的发展带来巨大的变革。通过物联网技术，各种设备、工具、机器都可以联网，这使得生产、供应和需求之间的匹配变得更加即时、更加准确。区块链技术则为交易提供了更加透明、更加安全的保障，大大减少了交易成本，提高了交易效率。

（三）"高质量发展"已经成为社会经济发展的根本任务

谈及"高质量发展"，人们就会联想到经济增长的速度。但实际上，这只是其中的一部分。真正的"高质量发展"更关注经济增长的质量、效益和可持续性。数字技术在这个过程中显然发挥出了不可替代的作用。具体而言，通过数字技术，各个经济领域都能实现更为高效的资源配置，这既可以提高生产效率，也可以降低生产成本。同时，数字技术能够帮助企业获取更为精确的市场信息，这为产品和服务创新提供了宝贵的数据支持。

在传统的经济模式中，现代服务业与先进制造业这两大领域往往是相对独立的。但在数字化时代，它们之间的界限变得越来越模糊。现代服务业如金融、医疗、教育等领域，开始大量引入先进制造业中的技术和设备。反之，先进制造业也在借助现代服务业的技术和经验，提高自身的生产效率和产品质量。这种协同发展不仅能够为经济带来更大的增长动力，还能够促进经济结构优化。随着这两大领域的深度融合，经济将更加注重技术创新和研发投入，这无疑会为"高质量发展"提供有力的支撑。需要注意的是，数字技术只是工具，关键还是要看如何应用数字技术。为了真正实现"高质量发展"，还需要有一套完善的政策体系、一批有远见的企业家、一支高素质的研发团队等。只有这样，数字技术才能发挥出最大的价值，使社会经济持续、健康地发展。

四、国家战略的指引与支持

（一）全球竞争中的数字经济定位

在这个日益数字化的时代，数字经济正逐渐成为一个重要的竞争领域。这种经济形态带来了许多新的机会和挑战，是现代经济发展的关键要素。数字经济之所以深受当今时代的高度重视，一个关键的原因是它能够提升经济发展的效率。通过数字技术，各个经济领域都能够实现更加精确和高效的资源配置，这不仅可以提高生产效率，还能够减少浪费、降低成本。而这种效率的提升，最终都将转化为经济增长的动力。数字技术还能够为新的业务模式和市场创造条件。例如：基于大数据和人工智能技术，企业可以更好地了解市场需求、预测市场趋势，从而为产品和服务创新提供强有力的数据支持。而这些新的业务模式和市场，往往具有更高的增长潜力和更大的市场空间。

正因为如此，不少国家纷纷把数字经济的发展提上了日程，希望通过这种方式提高自身的竞争力。为了实现这一目标，各国都在积极地制定相关政策和措施，希望能够为数字经济的发展创造一个良好的环境。

例如：有些国家会提供税收优惠、资金支持等激励措施，鼓励企业投入数字技术的研发和应用中；有些国家会加强对数字技术的教育和培训，希望培养出一批具有高级数字技术能力的人才。由此可以看出，数字经济已经不再是一个简单的经济领域，而是与国家的整体竞争力、发展战略紧密相关的关键领域。任何一个希望在全球化竞争中取得优势的国家，都不能忽视数字经济的发展。

（二）现代服务业与先进制造业的双轮驱动

在经济发展的漫长历程中，各种产业都经历了起伏和转型，现代服务业和先进制造业的协同发展是时代发展的必然趋势。现代服务业包括金融、信息技术、健康医疗、文化娱乐等多个领域，其发展已经不再局限于传统的服务范畴。通过科技和创新的引领，这些服务领域都在进行深度的数字化和智能化转型，为消费者和企业提供了更为个性化、高效和便捷的服务体验。而这种转型和升级，也为经济带来了新的增长点。先进制造业作为经济的重要基石，其转型和升级同样重要。与过去的大规模、低附加值的生产模式不同，现在的制造业更加重视技术创新、品质提升和绿色生产。这不仅为经济带来了更高的产值，也提高了资源的利用效率，为可持续发展创造了条件。然而，单纯依赖一个产业的发展是不够的，特别是在全球化和技术革命的背景下，经济的复杂性和不确定性都在增加。这时，现代服务业与先进制造业的双轮驱动就显得尤为重要。两者之间的深度融合，可以使产业间的优势互补，实现更高效的资源配置和更快速的创新转化。只有深入了解两者的特点、需求和潜力，才能制定出更为合适的政策和措施，推动两者的深度融合和协同发展。而这种研究，不仅可以为经济学家提供新的理论视角，也能为政策制定者提供有力的决策依据。

（三）国家战略决策的科学依据

在今天这个日益变化的世界中，数字化、网络化和智能化技术迅速进步。在这样的背景下，明确的方向和策略变得尤为重要，因为它们将决定一个国家在全球经济中的地位和影响力。现代服务业与先进制造业的深度融合和协同发展，已经成为经济增长的新动力。它们不仅仅代表着新的产业形态，更代表着新的经济模式和发展思路。这种模式和思路，将数字技术与传统产业相结合，打破了以往的产业界限，为经济带来了新的增长机会。

为了确保这种增长是健康和可持续的，必须进行深入的研究和分析。这不仅可以为决策者提供对当前经济形势的清晰了解，也可以为他们提供对未来发展趋势的预测和判断。这些数据和见解，将成为决策的科学依据，可以确保每一个决策都是基于事实和数据的。但是，仅仅依靠数据并不足够。为了制定出更有前瞻性和战略性的政策，还需要对这些数据进行深入的分析和解读。这就需要经济学、管理学、技术学等学科的交叉融合，形成一个全面、系统的研究体系。这种体系不仅可以为决策者提供更为全面的视角，也可以为他们提供更为具体和实际的建议和措施。

第二节　研究目的与意义

一、研究目的

（一）适应经济发展的新常态

目前，数字经济正在重塑经济的面貌，给人们带来了前所未有的变革。这不仅仅是技术的迭代，更是整个经济运行方式的颠覆。数据资源、云计算、人工智能等新型技术，已经成为现代经济的关键驱动力。人们必须深入研究和了解这种变革，掌握其中的规律和趋势。在这种新常态下，无论是现代服务业还是先进制造业，都需要与其他产业进行深度的协同合作，才能在这个数据驱动的经济时代中站稳脚跟。只有理解了这种协同合作的重要性和紧迫性，才能更好地调整战略，找到与其他产业的合作切入点。经济新常态并不是一个暂时的现象，而是未来经济发展的一个长期趋势。在这种趋势下，只有那些做好准备、主动适应变革的

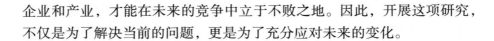

企业和产业，才能在未来的竞争中立于不败之地。因此，开展这项研究，不仅是为了解决当前的问题，更是为了充分应对未来的变化。

（二）优化产业结构和布局

在数字经济时代，现代服务业与先进制造业不再是孤立的两个部分，而是相互关联、相互促进的两个方面。先进制造业需要现代服务业中的金融、物流、信息等服务来支持其生产和运营，而现代服务业需要先进制造业提供的高质量产品和技术。深入研究这种关联性，可以找到两者之间的最佳匹配点，从而更好地优化产业结构。除了关联性外，现代服务业与先进制造业还存在着强烈的互补性。现代服务业的柔性与创新能力可以帮助先进制造业更好地适应市场的变化，而先进制造业的规模效应和生产力可以为现代服务业提供稳定的支撑。深入研究这种互补性，可以发现新的合作模式和发展机会，从而更好地优化产业布局。优化产业结构和布局不是一个简单的任务，需要大量的数据、研究和决策支持。对现代服务业与先进制造业进行深入研究，可以帮助决策者更好地理解两者之间的关系，找到最佳的合作模式和发展路径。这样不仅可以提高两者的效率和产出，还可以为整个经济的发展提供强大的动力。

（三）加速产业转型升级

在数字经济背景下，现代服务业和先进制造业在技术上都有各自的优势和特点，加深两者之间的合作和交流，可以促进技术的共享和创新。现代服务业在大数据、云计算等领域的应用可以为先进制造业提供新的生产管理方法和工具，而先进制造业在自动化、物联网等领域的技术可以为现代服务业提供更加智能化的服务方案。资源的有效利用是提高效率、减少浪费的关键。在现代服务业与先进制造业之间，存在大量可以共享的资源，如人才、资金、信息等。通过更加紧密的合作和协调，可以实现资源的最大化利用，从而降低成本、提高效益。先进制造业可以利用现代服务业的资金和信息资源进行产品研发和市场推广，现代服务业则可以利用先进制造业的生产线和技术资源为客户提供更加个性化的服务。随着经济全球化和数字化的深入，产业间的界限越来越模糊，合作与竞争并存。在这种背景下，只有不断地转型升级，才能保持竞争优势。协同发展研究为产业提供了新的发展方向和策略，为转型升级提供了强大的动力。而这种动力不仅仅来源于技术和资源的交流与共享，还来源于对未来的共同愿景和追求。

（四）提高整体竞争力

现代服务业与先进制造业的深度融合能够为双方带来独特的竞争优势。例如：现代服务业拥有丰富的客户数据和市场洞察，能够为先进制造业提供精准的市场定位和产品策略；先进制造业拥有先进的生产技术和管理经验，能够帮助现代服务业提高服务效率和品质。通过协同合作，双方都能够在自己的领域内获得更高的市场份额和客户满意度。资源是有限的，但需求是无限的。如何在有限的资源中创造出更大的价值，是每一个产业都面临的挑战。现代服务业与先进制造业的合作，正是为了解决这一问题。通过共享资源，如研发中心、销售网络、供应链等，双方都能够减少重复投资、降低成本，从而提高整体的利润率和竞争力。而这种合作不仅仅是在物质资源上，更重要的是在知识和经验上的共享。通过相互学习，双方都能够不断地进步和创新，提高自己在市场上的地位。未来毫无疑问充满了不确定性，新的技术、新的市场、新的竞争对手都可能随时出现，给产业带来挑战。现代服务业与先进制造业的合作，能够为双方提供更大的灵活性和应变能力。当面临外部压力时，双方都能够迅速地调整策略和方向，找到适合自己的发展道路。而这种应对未知的能力，正是提高整体竞争力的关键。因为在这个快速变化的时代，能够快速应变的产业，才是真正的赢家。

二、研究意义

（一）促进经济高质量发展

经济高质量发展不仅仅是经济增长的速度，更重要的是经济增长的质量、效率和可持续性。深入研究现代服务业与先进制造业的协同发展，能够揭示两者在价值链、供应链以及创新中的相互关联和影响。这种深入的理解，为决策者和企业家提供了实践中应该遵循的原则和方向，能够确保每一步的决策都是基于深厚的理论基础和实践经验。创新是推动经济高质量发展的核心动力，现代服务业与先进制造业的协同发展研究，可以揭示两者在技术、模式和市场上的创新机会和潜力。通过合作共赢的方式，双方可以在自己的优势基础上开发新的产品、服务和解决方案，满足市场不断变化的需求，从而持续驱动经济的高质量增长。经济的高质量发展，必须建立在可持续的基础上。而可持续的关键是不断地优化和调整，确保每一步的发展都是符合长期利益和目标的。对现代服务业与先进制造业的协同发展进行研究，可以为政府和企业提供关于如何调整政策、策略和资源配置的建议和方案，确保经济发展的每一步都是坚实的、有方向的，向着更高、更好、更快的目标前进。

（二）推进产业数字化和智能化

在数字经济浪潮中，数据已经成为新的生产要素，拥有巨大的价值。深入研究产业的数字化和智能化进程，能够更好地挖掘这些数据的价值，实现数据的高效利用和价值转化。数字技术（如大数据、人工智能和云计算）可以为产业创新提供强大的支持，使得经济活力得到进一步释放。技术的进步和产业的发展应该是相辅相成的，只有当技术真正融入产业中，成为产业的一部分，才能够真正发挥其潜在的效益。深入研究如何推进产业的数字化和智能化，可以为产业提供更为精准、个性化的解决方案，从而在生产、管理和市场营销等各个环节中提高效率。随着数字技术的不断进步，很多传统的产业边界已经开始变得模糊。数字化和智能化不仅可以为现有的产业带来升级和转型的机会，还可以培育出全新的产业和市场。深入研究这一领域，可以帮助人们找到新的增长点，进一步拓展经济的边界，使得经济结构更为多元化和均衡化。

（三）响应国家战略需求

在数字经济的大背景下，战略需求的实现需要有深度的策略定位和全局思维。进行产业协同发展的研究，有助于捕捉到数字经济下的发展机遇，确保各项战略目标得以实现。应该从产业发展的实际出发，结合数字经济的特点，为相关政策的调整和优化提供有力的建议。这不仅能确保政策更具针对性，还能够避免一些潜在的问题和风险。因此，这也充分说明深入的产业研究能够为政策制定提供丰富的数据支持和分析。除此之外，响应战略需求，更要确保战略的高效执行。进行产业协同发展的研究，能够帮助企业实现资源的高效配置，确保战略决策得到快速、有效的执行，这对于企业提高整体的竞争力和适应数字经济的变革具有重要的意义。

（四）拓展国际合作与交流

在数字经济时代，各国之间的合作模式正在发生变化。为了更好地融入国际市场，国内产业必须掌握与国际先进制造业和服务业的合作策略。深入研究现代服务业与先进制造业的协同发展，可以为国内产业提供更具针对性的国际合作策略。这不仅可以帮助国内产业更好地融入国际市场，还可以促进国内产业与国际产业之间的深度合作，从而实现互利共赢。国际合作与交流的频繁与深入，能够促进技术、经验和知识的共享。对现代服务业与先进制造业的协同发展进行深入研究，可以为国内产业发掘更多与国际产业合作的机会。这不仅可以提高国内产业的技术水平和管理经验，还可以为国内产业提供更多的市场机会，从而推动国内产业的快速发展。同时，与国际产业的深度合作和交流，可以帮助国内产业更好地了解国际市场的需求和变化。深入研究现代服务业与先进制造业的协同发展，可以为国内产业提供更多关于如何提高竞争力的策略。这可以帮助国内产业更好地适应国际市场的变化，提高国内产业在国际市场的竞争力，从而实现长期、稳定的发展。

第二章 数字经济的新时代特征

第一节 数字经济的定义与特点

一、数字经济的定义

数字经济已成为近年来的热门话题，简单来说，数字经济是一个集合了各种技术和应用的宽泛概念，旨在通过数据来引导资源，从而推动生产力的发展。这种经济形态囊括了直接或间接利用数据的所有活动和过程。技术层面的进步为数字经济提供了强大的支撑，其中包括大数据、云计算、物联网、区块链、人工智能、5G 通信等新兴技术。这些技术不仅改变了人们的生活方式，更为企业带来了无数的商业机会。在应用层面上，数字经济已经不再是纸上谈兵，"新零售"和"新制造"就是其在现实中的典型代表。[①] 这些新型应用方式在各自的行业中引领了一场革命，使得商业模式和消费习惯都发生了深刻的变革。

进一步深化对数字经济的理解，可以将其视为一种全新的经济学概念。在这个经济形态中，人们需要利用数字化的知识与信息来达到资源的快速优化配置与再生。这样的方式无疑可以带动经济的高质量发展。有人可能会误解，认为数字经济与虚拟经济是同一概念，但实际上这两者有本质的区别。如果用一个更通俗的方式来描述数字经济，那么"数

---

① 杜睿云，王宝义 . 新零售：研究述评及展望 [J]. 企业经济，2020，39（8）：128-135.

字产业化"与"产业数字化"便是其核心要义。① 这意味着不仅要将数字技术应用于传统产业，还要让新兴产业的发展以数字为核心。不可否认，推动数字经济发展背后的一个重要目的，就是希望实现产业智能化，提升生产、管理、销售等各个环节的效率。

二、数字经济的特点

在深入研究与探索数字经济的道路中，不可避免地会提到技术的进步与其带来的影响。在历史的长河中，每一次技术革命都为经济带来了新的发展机会与挑战。如今，数字技术已深刻改变了生产、交易和消费的方式，催生了数字经济这一新的经济形态。数字经济所展现出的不同于传统经济的特性，不仅影响了商业模式，还对社会生活产生了广泛影响。为了更好地理解这一现象，有必要深入探讨数字经济的特点，具体如表 2-1 所示。

表2-1　数字经济的特点概括

特　点	描　述	优　势	时代意义
高效性	生产和交易过程都在网络上进行，可以节省大量时间和成本	生产效率提高	适应现代快节奏的生活需求
全球性	突破地域限制，可以在全球范围内进行交易	市场覆盖广泛	促进全球化、扩大业务范围
创新性	依赖于科技创新和技术突破，不断推出新产品和新服务	满足多样需求	推动经济持续发展和繁荣
可持续性	通过科技应用和资源共享，实现资源的最优利用，降低能源消耗和排放	资源高效利用	有利于环境和经济双重发展

① 骆香茹．数字经济不等于虚拟经济：院士专家热议全球数字经济浪潮[N]．科技日报，2022-11-29（02）．

（一）高效性

在数字经济的崛起中，一切围绕着如何以更快的速度、更低的成本来完成工作，这种效率的追求几乎贯穿各行各业。通过数字化，企业能够实时监控生产过程，发现并解决问题，减少了因等待时间而造成的资源浪费。例如：使用数字技术的工厂可以通过实时数据分析来调整设备设置，减少停机时间，实现24小时运行，这在传统模式下是难以想象的。而且数字营销和在线销售也使得产品和服务的推广更加快速、广泛，客户反馈也更加直接和迅速，这有助于企业更快地调整策略。在供应链管理中，数字技术的应用更是革命性的。通过数据共享，各方可以随时了解库存情况、物流进度等关键信息，可有效提升决策速度，缩短产品从生产到达消费者手中的时间。

（二）全球性

全球性是数字经济的另一大特点，它改变了传统的地理和时间边界。目前，交易和信息流动不再受制于物理距离。企业可以利用数字平台，轻松触及世界各地的客户，产品可以在全球范围内销售，而不再局限于本地市场。同时，通过云技术，企业能够在世界任何地方进行远程办公，团队成员无须身处同一地点，就可以协同工作。这种全球范围的工作方式，加快了全球化的步伐，文化和想法的交流也更为频繁。产品和服务的全球化不仅给企业带来了更大的市场，也激发了更多的创新点。全球竞争迫使企业不断提高自身标准，以满足国际市场的要求。

（三）创新性

在数字经济时代，创新成为企业生存的关键。各种新技术、新应用层出不穷，企业必须不断适应这些变化，才能在市场中保持竞争力。这种创新不仅仅是产品升级，更是服务、商业模式等多方面的全面革新。通过大数据分析消费者行为，企业可以更准确地了解市场需求，推出更符合消费者预期的产品。不可否认，创新还深深体现在企业内部管理上。许多公司开始采用数字化工具来优化工作流程，如使用项目管理软件跟

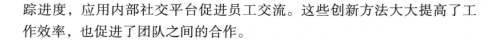

踪进度，应用内部社交平台促进员工交流。这些创新方法大大提高了工作效率，也促进了团队之间的合作。

（四）可持续性

数字经济也强调可持续性。在环境问题日益严峻的今天，如何实现经济发展与环境保护的双赢成为全球议题。数字技术在这方面发挥着重要作用。智能化的资源管理系统可以最大限度地减少能源浪费，数字产品如电子书、在线会议等减少了对纸张和交通的需求。同时，数字化使得可持续发展成为可能。数据分析帮助企业更好地了解并减少碳足迹，智能技术则被用于监控和改善环境质量。通过这些方式，数字经济不仅促进了经济的快速发展，也为解决环境问题提供了新的思路。

第二节 数字经济的形成与发展历程

一、数字经济的形成

随着科技的日新月异，经济领域经历了从工业化到信息化，再到今日的数字化的三次重大变革。对于当前社会经济生活来说，数据的价值被进一步凸显出来，甚至有人将其称之为"新石油"。传统的生产要素，如土地、劳动力、资本等，在经济发展中的地位仍然不可或缺。但在当今社会，数据凭借其无所不在的应用和创新潜能逐渐崭露头角，成为推动经济增长的新动能。数据，作为一种新的生产要素，不仅对经济有着深远的影响，而且正在重新定义商业、政府和社会的价值观和行为模式。每一次点击、每一次交易、每一次互动，都会产生数据。这些数据再经过分析、挖掘和应用，转化为有价值的信息，为决策提供支撑，为创新提供灵感，为改进提供方向。在这个过程中，数据带来的是更大的效率提升、更精准的目标定位和更高的资源利用率。

数字经济并不仅仅关于数据，更是关于如何利用数据。数字经济所代表的，是一个基于数据、技术和创新的全新经济模式。这一模式将改变传统的商业逻辑，重塑产业链、供应链和价值链。例如：随着数字经济的发展，共享经济、平台经济等新型商业模式应运而生，不仅满足了消费者更为多样化、个性化的需求，也为中小企业和创业者提供了更为广阔的发展空间。数据和数字技术不仅影响了经济的结构和模式，还深刻改变了人们的生产方式。在生产端，智能制造、精准农业、在线服务等新型生产模式不断涌现，大大提高了生产效率和产品质量。而在生活端，从线上购物、远程办公，到虚拟娱乐、数字健康等，数字化已渗透日常生活的每一个角落，使得生活更为便捷、多彩，这也正是当今社会人们所熟知的数字经济。[①]

二、数字经济的发展历程

数字经济这一概念如今已深深植根于经济学、技术、社会等多个领域中。回溯历史，从最初的信息技术革命到现代的全球数字化进程，经济的脉搏伴随着数字技术的节奏不断跳动。在这个过程中，技术与经济形成了紧密的结合，使得传统的生产模式、商业模型和人们的生活方式都发生了巨大的变革。与此同时，数据逐渐成为生产和创新的核心，对经济的影响力越来越大。而这一切都源于一个核心驱动——数字技术的不断进步。由此可见，深入理解数字经济的发展历程，有助于洞察未来的经济趋势，为经济发展提供有力的支撑。图 2-1 展示了数字经济的发展历程。

---

① 中国日报网.数字经济与传统行业融合带动价值蜕变 [EB/OL].（2018-04-11）[2023-12-12]. https://baijiahao.baidu.com/s?id=1597438582184681810&wfr=spider&for=pc.

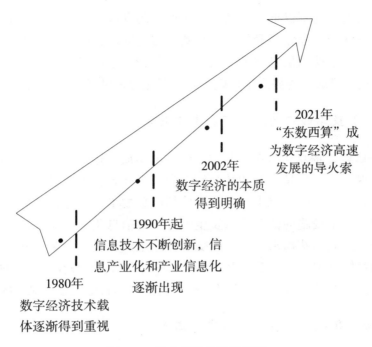

图 2-1 数字经济的发展历程

（一）技术载体得到高度重视

纵观数字经济的发展，从 1980 年开始，众多技术在背后发挥着重要作用。其中，云计算、大数据、人工智能、物联网、区块链和移动互联网等信息通信技术为数字经济的崛起提供了坚实的技术支撑。在这一时期，技术进步与创新成为经济增长的主要驱动力，为经济注入了活力。云计算为企业和个人提供了海量的存储和计算能力，大数据技术使得数据的分析与利用变得便捷，而人工智能和物联网则开启了全新的业务模式和服务体验。这些技术合力塑造了数字经济的蓝图，并成为数字经济发展的核心载体。

（二）确立起信息化的两大关键方面

随着数字技术研究得到高度重视，信息化成为经济转型的核心课题。信息产业化包含微电子产品、通信器材和设施、计算机软硬件以及网络设备的制造，这不仅推动了信息技术产业的发展，而且使得信息和数据的采集、处理、存储等变得更加高效。与此同时，产业信息化也开始受到重视。通过使用信息技术，农业、工业、服务业等传统产业得到了深度的改造和升级，为提高生产效率和创新能力提供了有力的技术保障。

（三）数字经济的本质得到高度明确

2002 年，信息化被明确为数字经济的本质。这是一个由计算机与互联网等现代生产工具引发的社会经济变革，标志着工业经济向信息经济的转型。信息化的内容十分丰富，包括信息技术的产业化、传统产业的信息化、基础设施的信息化以及生活方式的信息化等。这些技术的创新与融合，如同火花撞击干柴，改变了社会生产方式，显著提升了生产效率。随着信息技术的广泛应用，不仅经济结构和业态发生了巨大的变革，人们的生活方式、思维方式以及与外界的交互模式也发生了深刻的变化。

（四）导火线引发数字经济的高速发展

2021 年，数字经济的发展进入一个新的阶段。全球对于数字经济的共识日渐形成，这被视为数字经济发展的导火线。在这个阶段，社会经济生活中的生产要素发生了翻天覆地的改变。其中，数据成为新的生产要素，这意味着数据不再仅仅是信息的载体，而是经济增长和社会进步的关键驱动力。因此，数字经济被看作新的经济社会发展形态，预示着未来经济的发展趋势和方向。

第三节　数字经济与传统经济的比较

一、生产效率方面

数字经济标志着一个时代的变革，其中生产的中心正在快速转向信息技术的广泛应用。这个趋势带来了一系列积极的变化，较为显著的就是生产效率的显著提高。在这样的经济背景下，生产过程的自动化和智能化已经不再是一个遥不可及的理想，而是一个切实可行的实践。为什么这样说呢？目前，智能机器人已经逐渐取代了人力，这些机器人可以持续地、准确地进行工作，不受到传统人力因素如疲劳、情绪和技能差异的影响。这种情况下，不仅工作效率得到了大幅度的提升，而且生产过程中的误差被大大降低，从而保证了产品的质量和一致性。

再进一步考虑到大数据的广泛应用，可以说生产决策已经进入一个新的维度。大数据分析使企业能够准确地预测市场的需求，为生产计划提供有力的数据支持。这种预测性的生产方式不仅有助于企业更好地满足消费者的需求，而且能够减少库存和浪费，进一步降低生产成本。因此，数字经济中的生产方式为企业提供了一种更高效、低成本、高品质的生产模式。相比之下，传统经济中的生产模式就显得有些过时了。在这种经济模式中，大部分生产过程都是依靠人力来完成的，这自然会受到许多人为因素的干扰。例如：工人的疲劳、技能差异、情绪变化等都可能影响生产效率和产品的品质。而且，没有数据支持的生产决策往往缺乏前瞻性，会导致生产计划的失误和资源的浪费。

二、市场范围方面

随着数字技术和互联网的日益普及，企业已经迎来了一个独特的时代，其中市场的范围已经不再受到地理边界的束缚。在数字经济的热潮中，几乎所有的企业都有机会走向世界，推广自己的产品和服务。这个现象不仅仅限于大型跨国公司，许多小型企业甚至是个人也开始通过数字渠道，如社交媒体、电子商务平台等，将其产品和服务推向全球消费者。这样的趋势带给企业无尽的市场潜力和机会。想象一下，一个小型的工艺品制造者或者手工艺师，本来可能只能在本地市场上销售产品，但现在，通过数字化的方式，他们的作品能够被全球范围内的消费者所见、所欣赏并最终购买。这无疑拓宽了他们的销售范围，也为他们带来了意想不到的收入。

对于消费者来说，这也是一个充满机会的时代。数字经济带来的全球化市场为消费者提供了更广泛的选择。无论是大众商品、独特的服务还是难以在本地找到的特色商品，消费者都可以方便地在互联网上找到并购买。更为重要的是，数字经济中的市场反应速度令人震撼。企业不仅可以通过数字化工具迅速了解消费者的喜好、需求和反馈，而且可以根据这些反馈快速做出调整，确保其产品和服务始终与市场趋势保持同步。这种灵活性和快速响应能力为企业提供了竞争的优势，也使消费者的体验更好。对比之下，传统企业在市场范围上存在明显的局限性。许多企业受到地理位置、交通和分销网络的限制，它们的产品和服务往往只能在一个有限的区域内销售。这不仅限制了它们的市场潜力，还使得它们在面对突如其来的市场变革时，缺乏足够的灵活性和反应速度。这样的局限性在数字经济时代显然是不利的。

三、收入增长方面

数字技术正在以一种深远的方式改变商业的面貌和日常生活。这些技术不仅仅改变了商务方式，还提供了新的、创新的收入来源，特别是对于那些敢于尝试和适应这种新兴趋势的人来说。如今的电子商务就是其中一个明显例子，许多个体商家和企业通过在线平台销售商品和提供服务。这种新的商业模式打破了传统的销售模式，使得任何有产品或服务的人都可以轻松地进入市场，与全球消费者进行交互，并从中获利。与实体店相比，这种模式降低了初始成本和日常运营成本，增加了收入。

目前，许多内容创作者、博主和社交媒体影响者依靠网络广告为自己创造了稳定的收入来源。这些广告为品牌和企业提供了一个与潜在消费者互动的平台，同时为内容创作者提供了一种回报其努力和创意的方式。另外，在线教育为许多教育者和专家提供了新的机会，传统形式的教育往往局限于实体教室和固定的时间表。但现在，有了在线教育平台，教育者可以与全球各地的学生互动，提供一对一的指导或大规模的网络课程，从而获得收入。远程工作这种工作模式受到了许多专业人士的欢迎，因为它为他们提供了更大的自由度和灵活性。这意味着人们可以在世界的任何地方工作，只要有稳定的网络信号就行。这种灵活性使得个人能够更加高效地安排工作和休息时间，以最大限度地提高生产力和收入。而传统经济下，许多工作都要求员工在固定的时间和地点工作。这种模式在很大程度上限制了个人工作的灵活性，使个体收入增长得缓慢。不得不遵循固定的时间表和地点，可能会限制一个人接受额外工作或追求其他收入的机会。

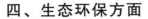

四、生态环保方面

数字经济带来的革命性变化正逐步塑造一个更为可持续和环保的未来。以电子商务为例，这一模式通过网络平台将产品和服务传递给消费者，大大减少了对实体店面的依赖。考虑到建造和维护实体店面所需要的土地、材料和能源，电子商务的盛行意味着更少的土地开发、更低的能源消耗和更少的建筑物对环境的影响。此外，消费者通过在线购物也能够进一步减少交通产生的碳排放。进一步深入到企业运营中，云计算和大数据技术正逐渐成为企业管理的核心工具。这些技术能够帮助企业进行准确的市场分析，使得生产过程更为合理和高效。企业准确地预测市场需求，有助于减少资源浪费，这不仅有助于提高经济效益，还能显著减轻对环境的负担。

资源共享也是数字经济的另一个亮点，共享出行和共享住宿等模式已经成为现代生活的一部分。这些共享模式减少了个人拥有和使用私有资源的需求，如汽车和住房。更多的人选择共享出行，意味着更少的汽车在路上行驶，这将减少碳排放，避免交通拥堵。同样，共享住宿使得住宿资源得到了更高效的利用，避免了大量房屋空置的情况。而传统经济中的生产和交易方式在许多情况下需要大量的资源。例如：生产过程中对水和能源的高度依赖，很多时候都没有考虑到资源的再生能力。而且，由于技术支持的缺乏，很多生产环节可能存在低效和浪费现象，这不仅增加了生产成本，也加剧了对环境的压力。

第四节　数字经济的全球趋势

一、数字经济成为影响世界经济发展的关键变量

（一）数字经济与全球技术进步

数字经济的兴起与技术的飞速发展息息相关，为全球经济的前行描绘了一幅全新的画卷。这波技术潮流涉及三大核心技术，现具体介绍。

计算技术，如同数字经济的大脑，它汇聚了集成电路（芯片）技术与先进的计算机技术，确保数据被高效地处理、计算和存储。通信技术，就如同整个体系的血管，它确保数据在各个角落流动自如，其中互联网更是数字经济的巨大舞台，连接着全球每一个角落。大数据技术则是这个时代的魔法师，先将无尽的信息转化为数字，再用技术手段进行加工与解读。

回溯历史，数字技术的种子实际早在数十年前已经播下。1948 年，数学家香农提出了信息论，这一理论提议使用二进制数字 0 和 1 来测量、计算和传递信息，这为数字技术的发展打下了坚实基础。1958 年，集成电路的发明开启了技术进步的加速器，进一步驱动了计算技术的革命性跃进。这样的技术进展，让数字经济的起源与技术历史联系起来，但其大规模的爆发和普及，实际上是近二三十年的事情。

（二）数字经济对世界经济的推动力

数字经济如同当今时代的引擎，正在改写经济增长的故事。数字经济不仅塑造着新的商业模式，更在重新定义产业结构、就业形态以及市场动态。《全球数字经济白皮书（2022 年）》指出，2021 年，全球 47 个主要经济体的数字经济总规模已攀升至惊人的 38.1 万亿美元。这个数字不仅展现了数字经济的强劲增长势头，更凸显了它在世界经济中所占据的份额与重要性。[①] 各国政府也意识到了这一点，纷纷将数字经济作为国家发展的核心战略，通过调整政策、优化资源配置来促进这一波全球性数字浪潮的发展。

然而，这样的经济转型并非偶然，它是计算力的提升、通信技术的进步以及大数据分析技术的成熟共同催生的结果。在现代社会，高速的互联网、普及的智能设备以及日益复杂的网络应用构成了数字经济发展的物质基础。其背后是信息科技的飞跃、数字支付的便捷、云计算的普及和人工智能的进步等因素，这些都在不同维度促进了数字经济的爆炸式增长。而数字经济的崛起更深层次地影响着社会各个方面，如传统产业正在经历数字化转型，这不仅提高了生产效率，还创造了新的消费需

---

① 中国信息通信研究院.全球数字经济白皮书（2022 年）[M].北京：中国信息通信研究院，2022：48.

求和市场机会。同时，数字经济助力全球市场一体化，使得跨境电子商务、远程劳动和数字服务成为可能，进一步加速了全球经济的融合和交流。面对数字经济的迅猛发展，相关风险和挑战也随之而来。数据安全、隐私保护、数字鸿沟以及未来就业变革等问题亟待解决。正因如此，构建一个安全、开放、共享的数字经济环境，对于各国政府而言，不仅是挑战，更是摆在面前的一项重要任务。

（三）数字经济重塑全球价值链

数字经济正在为世界绘制一张全新的经济地图，而这张地图上，传统的、以物质产品为核心的全球价值链正在被重新塑造。随着数字技术的渗透与应用，物质产品的位置逐渐被数字产品和数字服务所取代。而这背后是一个更为深刻的经济变革。不同于过去，数字产品和数字服务的价值链所体现的，不再是单一的生产和销售过程，而是包括数据收集、分析、传输、应用和储存等一系列活动。这些活动使得数字经济中的产品与服务更有附加值，也更有创新性和差异性。对于许多企业而言，数字化不再是一种选择，而是生存和发展的必要条件。因此，整个产业生态正在围绕数字化进行重组。

数据，这一被称为"新时代的石油"的要素，已经从过去的辅助工具变为生产和创新的核心。而随着大数据、云计算、人工智能等技术的应用，数据的价值得到了充分挖掘和放大。例如：通过对数据的深度分析，企业可以更准确地了解市场需求、优化产品设计、提高生产效率，从而在全球价值链中占据更有利的位置。而当经济活动逐步数字化时，传统的地域和物理距离对于产业布局的影响也在减弱。无论是硅谷的技术巨头，还是新兴市场的创业公司，都可以在数字空间里迅速扩展其业务，与全球各地的用户、供应商和合作伙伴建立连接。这种去中心化、跨界和灵活的经济模式，为各类企业提供了更为广阔的发展空间和更为丰富的市场机会。数字经济在推动全球经济增长、重构价值链的同时带来了新的风险和挑战。例如：数据安全、隐私保护等问题日益突出，需要各方共同努力，构建更加稳健的数字经济生态。同时，面对数字技术的迅猛发展，企业、政府和公众都需要不断更新知识、技能和观念，以适应这个快速变革的时代。

对于各国而言，如何在数字经济的大潮中找到适合自己的定位、挖掘本国的优势资源、构建高附加值的价值链，都是亟待思考和探索的问题。而对于企业来说，如何在数字经济中保持竞争力、寻找新的增长点、打造独特的价值主张同样至关重要。

（四）数字经济与国际竞争

与传统经济领域不同，数字经济关乎技术创新、数据资源的积累以及应用能力，这些都与国家的未来竞争力紧密相连。因此，各国在数字经济领域的发展态势，直接反映了其在未来全球经济版图中的地位。虽然中国的数字经济之旅不长，但其取得的成绩却异常亮眼。以数字经济强大的内需市场为后盾，中国成功孵化出了众多的互联网巨头，如阿里巴巴、腾讯和字节跳动等。这些公司的成功，为中国数字经济的发展提供了强大的动力。加之政府对于数字经济的大力支持，中国已经成为数字经济的重要参与者，其影响力逐渐在全球范围内扩展。然而，相比于较领先的国家和地区，欧洲在数字经济领域显得较为迟缓。虽然欧洲拥有世界上较为完善的技术研发体系和强大的工业基础，但其在数字技术的研发和应用上，似乎并没有走在前列。欧洲的企业和政府需要认识到，数字经济不仅仅是经济增长的新引擎，更是国家未来的关键竞争力。

（五）数字经济中的国家地位

在全球经济的大潮中，数字经济以其独特的魅力和无可比拟的增长潜力，逐渐成为各大经济体关注的焦点。在这场数字变革的大战中，各国的表现和位置呈现出鲜明的差异性。美国，作为数字技术的发源地，一直走在这场革命的前列，聚集了大量的技术人才和资源。无论是硬件还是软件，美国的技术巨头都在为全球用户提供创新的产品和服务。这些技术企业不仅推动了美国本土的数字经济增长，还为其在全球数字经济中确立了不可撼动的地位。

尽管在数字技术的起始阶段起步晚于美国，但通过强大的市场需求、政府的有力支持以及企业的创新能力，中国已迅速崭露头角。如今，中国的数字巨头如阿里巴巴、腾讯和字节跳动等，在云计算、电商、社交网络等领域都取得了令人瞩目的成绩。这使得中国在短时间内从一个数字经济的跟随者逐渐转变为引领者。福布斯发布的全球数字经济100强企业榜单进一步验证了这一点。榜单上，美国和中国的企业数量成为绝对的主力，远超其他国家。这不仅仅是两国市场规模的体现，更是两国在数字经济研发、创新以及应用能力的直观反映。但在这场数字经济的竞争中，还有其他的参与者。例如，日本、韩国和新加坡等亚洲国家，凭借其技术研发能力和市场开放度，也在数字经济中找到了自己的位置。因此，尽管欧洲在整体数字经济发展上显得较为迟缓，但其强大的技术研发体系和完善的数据保护政策，也为其赢得了一席之地。

二、当前世界数字经济发展格局的主要特征

进入21世纪以来，数字化浪潮席卷全球，深刻改变了经济、社会、文化等各个领域的格局。数字经济，作为这场变革的核心引擎，日益展现出其不可或缺的重要地位。从移动支付到云计算，从大数据分析到人工智能，各种创新技术催生出新的商业模式，促进了全球经济的快速增长。然而，在这场风潮中，每一个国家和地区的接受度、参与度以及发展速度都有所不同，造成了不同的数字经济发展轨迹。正因为如此，有必要对于当前的数字经济格局进行深入的探讨，了解其背后的驱动力、趋势和挑战，而这也正是当前世界数字经济发展格局显著特征的具体表现，如表2-2所示。

表2-2 世界数字经济发展格局的显著特征

格局特征	核心要素	具体说明
信息产业、通信产业、互联网产业的大发展	算力、算法、数据	三大要素取决于计算技术、电子信息技术、通信技术、大数据技术的发展
新技术的相继出现	芯片技术、半导体技术、通信技术	对数据的处理、计算和存储所需；决定数字经济的发展水平

续　表

格局特征	核心要素	具体说明
数字经济的发展阶段与热点	电子商务、电子书、电子报刊；企业流程再造；网络音乐、网约车、智能手机、3D打印、人工智能、云计算、区块链、新代工业互联网等	1993—2007年；2008—2019年；2020年至今
各国或地区的竞争态势明显	美国、中国、欧盟；日本、韩国、新加坡等	处于第一方阵；处于第二方阵
数字经济发展的全球治理和不平衡	数据产权、数字市场、数字贸易、数字税等	存在矛盾和纠纷

（一）信息产业、通信产业、互联网产业的大发展

在探讨当前世界数字经济发展格局时，信息产业、通信产业、互联网产业的大发展不容忽视。这三大产业与数字经济的崛起和繁荣有着密切的联系，它们共同构筑了现今独特的经济景观。深入地解析数字经济的内核，不难发现算力、算法、数据是其中的三大核心要素。而这三大要素又与计算技术、电子信息技术、通信技术以及大数据技术有着千丝万缕的联系。正是由于这种相互依存与影响，数字经济的辉煌之路得以走得更加稳健。

以信息产业为例，这一产业与电子信息技术的结合推动了高性能计算、人工智能、机器学习等技术的快速发展。在这种驱动下，信息产业不断创新，为各行各业提供了丰富多样的解决方案，进一步催生了无数新的产业链和商业模式。通信产业同样受益于数字经济的崛起，随着通信技术的日新月异，新一代通信技术不断涌现，这使得全球的信息传输速度得到了质的飞跃，从而为云计算、物联网、远程协作等技术提供了坚实的网络基础。互联网产业的蓬勃发展更是数字经济中的一颗璀璨明星，大数据技术的应用让各类在线平台能够为用户提供更为个性化的服务，促进了电子商务、在线教育、娱乐内容等多个领域的蓬勃发展。不得不提的是，尖端的半导体技术以及与之相伴的强大的半导体产业在数字经济中扮演了举足轻重的角色。半导体，被称为现代信息产业的"心

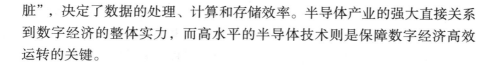

脏"，决定了数据的处理、计算和存储效率。半导体产业的强大直接关系到数字经济的整体实力，而高水平的半导体技术则是保障数字经济高效运转的关键。

（二）新技术的相继出现

当今，数字经济已逐渐成为全球经济发展的核心动力，背后推动这一切的，正是相继出现的新技术。为了深入了解这一点，探讨芯片技术与半导体技术、通信技术的进步是不可或缺的。芯片技术与半导体技术可以说是数字时代的基石，将其比作数字设备的"心脏"并不为过，因为这些微小的部件决定了设备处理、计算和存储数据的能力。随着技术的日益研发和创新，现代的芯片和半导体体积越来越小，性能越来越高，能耗越来越低。这样的技术进步直接推动了大数据、云计算、人工智能等领域的快速发展，满足了现代社会对数据处理的巨大需求。与此同时，这意味着数字经济的整体水平和质量受到了这些技术进步的直接影响。

再来看通信技术的飞速进步，从 2G 的初步实现到现在的 5G 时代，每一个技术跳跃都为社会带来了翻天覆地的变化。预期中的 6G 更是让人充满期待。这些技术的演进为现代生活中的实时数据交换、远程协作、在线娱乐等提供了稳定且高效的支持。无论是视频通话、在线游戏，还是远程会议，高速、低时延的网络已成为基础需求。这样的技术进步使数据可以在全球范围内快速流通，促进了各国之间的交流合作，使得数字经济真正具备了全球化的特征。随着这些新技术的出现和演进，全球经济的形态和结构也发生了深刻变化。以往的物质资源和地理位置等传统优势已不再是唯一的竞争关键，而数据则逐渐崭露头角，成为经济发展的核心资源。拥有大量高质量数据并能有效处理、计算和存储的国家或地区，自然能在数字经济的竞赛中占据有利位置。为了保持在数字经济中的领先地位，不断的技术研发和创新成为各国和地区的首要任务。因为在这个时代，技术的力量不仅仅体现在产品和服务的进步上，更重要的是它对于经济格局、生活方式乃至整个社会文明的深刻影响。

（三）数字经济的发展阶段与热点

1993—2007 年是数字经济的萌芽和初步崛起阶段。在这一时期，电子商务、电子书、电子报刊开始受到公众的关注，更多的人开始接受并喜欢通过互联网进行购物、阅读和获取信息。电子商务作为一个新兴业态，逐渐展现出它的巨大潜力。同时，企业流程再造是这一阶段的关键词，众多企业开始重视技术在提高工作效率、优化管理和改变商业模式中的作用。

2008—2019 年对于数字经济的发展来说具有跨越时代的意义。从 3G 智能手机的崛起到 5G 通信时代的曙光，人们生活中的方方面面都发生了深刻的变革。智能手机不仅仅是通信工具，更是生活、工作和娱乐的中心。网络音乐、网约车、智能手机和 3D 打印等技术和服务成为这一时期的热点。这些技术和服务让人们的生活更为便捷、丰富和多彩。

2020 年至今，5G 通信的普及成为一个新的里程碑。5G 不仅提供了更快的网络速度，更重要的是它为各种新技术的应用打开了大门。人工智能、云计算、区块链等技术开始广泛应用于各个领域，为经济和社会的发展带来了前所未有的机遇。例如：ChatGPT 作为一种先进的人工智能技术，被广大用户所喜爱。万物互联不仅意味着设备之间的连接，更是物、人、信息三者之间深度融合的体现，这些技术和应用背后所创造的市场价值是难以估量的。[①]

（四）各国或地区的竞争态势明显

在当前全球经济发展的大背景下，数字经济的竞争成为各国的焦点。这场竞争不仅仅涉及技术的创新和应用，还关乎国家的经济实力和未来的发展趋势。美国、中国、欧盟是数字经济发展的领军者，这三大经济体在许多数字领域内均有突出表现。美国以其强大的创新能力和深厚的技术积累，继续引领数字经济的方向。中国凭借其庞大的市场规模、迅速崛起的科技企业以及国家政策的扶持，逐渐成为数字经济的重要参与者。同时，欧盟也不甘落后，力求在数字经济的竞赛中赢得一席之地。

---

① 罗斯.新一轮产业革命：科研革命如何改变商业世界[M].浮木译社，何玲，译.北京：中信出版集团，2016：144.

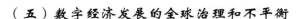

（五）数字经济发展的全球治理和不平衡

在当前的全球化背景下，数字经济的兴起对于很多国家来说是一个巨大的发展机会，可以体现出各国对于新经济形态下的把握和应对能力。数字经济的迅猛发展在某些国家造成了繁荣的景象，但这种繁荣并没有平均地散播到全球的每一个角落。根据世界银行发布的《2021年世界发展报告》，全球仍有大约20亿人口生活在那些还未完全融入数字经济的国家和地区。这意味着，尽管数字化所带来的便利和机会在某些地方已经变得触手可及，但在其他地方，这样的机会还很遥远。这种发展鸿沟在发达国家和发展中国家之间尤为明显，发达国家由于其强大的经济基础、成熟的技术研发能力以及对于新技术的快速适应能力，在数字经济的舞台上更易于获得优势地位。相反，许多发展中国家则面临着数字技术基础薄弱、资金投入有限和市场环境不成熟等问题，这使得它们在迎接数字经济的挑战时较为吃力。

数字经济的兴起并不只是一个技术问题，它还与政策、教育、基础设施建设、人才培养等多个领域紧密相连。对于那些发展中国家来说，单单依赖技术进步是远远不够的，还需要一个全面的、跨领域的合作和沟通，才能确保数字经济的红利能够更为公平地分配到每一个国家和地区。与传统的工业化进程相比，数字经济的门槛相对较低，它为那些原本在全球经济中较为边缘的国家和地区提供了一个机会。但这也需要这些国家能够看到并抓住这一机会，积极地调整和完善自身的发展策略。

三、世界数字经济发展的基本趋势

随着科技进步节奏的加速，世界经济已被深度数字化的力量所渗透。数字化，已成为当今社会与经济发展的核心推动力，成为跨越传统界限、重新定义行业与商业模式的关键动力。与此同时，全球各地纷纷调整自身的战略部署，以适应这场技术与经济融合所带来的新机遇与挑战。对于数字经济而言，要如何读懂它的脉搏并捕捉它的发展方向，已经成为现今探索和研究的关键议题。下面对世界数字经济发展的大趋势进行归纳，并将其观点进行总结，具体概括如表2-3所示。

表2-3　世界数字经济发展大趋势一览表

发展趋势	描　述	具体例子／细节
科技创新持续推动数字经济	大量数字新产品将不断问世，新模式涌现。科技创新持续加快，数字经济呈现连续性的升级换代	"摩尔定律"指示芯片算力上升；未来芯片可能到 0.2 纳米
数字经济发展快于整体经济	数字技术和数字经济在某些国家和地区的增长速度超过了整体经济增长速度	美国数字经济增长 6.7%，中国数字经济增速超过整体经济 5 个百分点
新技术加速产业变革和融合发展	新技术如人工智能、云计算等推动产业变革。人与数字经济的融合加深，个性化的数字产品和环境将成为特征	ChatGPT 融合了多种技术；亚马逊和阿里巴巴进入多重商业模式
数字经济全球化与碎片化并存	数字技术是全球化的，但由于政策影响，碎片化趋势加剧，国际产业分工与合作面临挑战	半导体产业由全球产业链向区域性产业链转变
以中国和美国为数字经济两大中心	两国将继续领先数字经济，形成两大发展中心，周围将有各自的数字经济板块。美国寻求技术领先优势，中国追求科技自立，两国各自有其发展策略和合作伙伴	美国与多国联盟合作，中国追求科技突破和数字经济关键技术

（一）科技创新继续推动数字经济

众所周知，创新永无止境。如今，数字新产品层出不穷，且它们的出现速度比过去任何时期都要快。这些新产品和新模式的涌现背后，实际上是一系列的技术突破和革新。谈到技术创新，就不得不提及"摩尔定律"。这个定律在过去已多次被认为将要失效，但事实上，从集成电路技术的创新节奏来看，芯片的算力至少在未来十年仍将继续增长。现在的芯片工艺已经达到 3 纳米，而 2 纳米的规模化生产也即将到来。更为令人兴奋的是，未来的技术预测显示，2036 年可能会实现 0.2 纳米的技术。可以预见，随着科技持续进步，数字经济将替代许多传统的经济模式，同时会不断迭代自身，带来连续的升级和换代。

（二）数字经济发展快于整体经济

结合表 2-3 所体现的内容，可以看出数字技术和数字经济的发展速度已经超越了世界经济的整体增速，这一趋势在很多国家和地区都得到了明显的体现。美国的数字经济增长率在过去的几年中平均达到了 6.7%，而中国的数字经济增速更是显著地超越了整体经济。

（三）新技术加速产业变革和融合发展

在新技术的催化下，产业正在经历前所未有的变革，新一代的技术，如人工智能、区块链、元宇宙、云计算等，都在为产业带来深刻的影响。这些技术的成熟不仅会催生更多的新产业，还会推动现有产业走向数字化，进一步实现升级。为了更好地理解这种变革，可以看一下 ChatGPT 这样的创新。ChatGPT 并不仅仅是一个简单的技术产品，而是综合应用了先进的算力技术、大数据技术和语言仿真技术。另外，像亚马逊和阿里巴巴这样的大公司，已经不再满足于作为单一的网上书店或购物平台，而是进入了包括云计算在内的多种商业模式。这些都表明，数字经济时代的产业变革将更加深入，人与数字技术的相融也将日益加深。

（四）数字经济全球化与碎片化并存

虽然数字技术本身具有高度的全球化特性，但最近几年受到某些政策因素的影响，数字经济也开始呈现出碎片化的发展趋势，例如：半导体产业原本是国际分工与合作的产物，但现在正在逐步向区域性的产业链转变。这种转变带来的挑战和机遇并存。这种碎片化并不代表数字经济的全球合作停滞，只是合作的模式和层级可能会有所不同，各个国家和地区将更注重本地化和区域化的合作。

（五）以中国和美国为数字经济的两大中心

现阶段，中国和美国是数字经济的两大中心。这两个国家在数字经济方面的表现均为世界所瞩目。尽管两国的发展策略和路径存在差异，但都显示出了非凡的创新活力和经济实力。美国向来以其技术领先优势而自豪，从硅谷到波士顿，无数创新型企业和科研机构都在不断地推动数字技术的前沿研发。而与此同时，中国正在追求科技自立的路径，通过大量的研发投入和政策扶持，力图在数字经济的关键技术领域取得突破。目前，美国和中国也在与其他国家展开深入的合作，旨在进一步扩大自己在数字经济中的影响力，这样的格局意味着未来的数字经济将在这两大中心的带领下继续快速前行。

第三章 数字经济背景下现代服务业的技术经济特征

第一节 现代服务业的定义与分类

一、现代服务业的定义

现代服务业的概念已不再局限于简单的商品交换或基础服务的提供。随着时代的演进，尤其是科技进步，服务业的定义和内涵已经发生了深刻的变革。2012 年 2 月 22 日，中华人民共和国科学技术部发布的第 70 号文件《现代服务业科技发展"十二五"专项规划》为这一行业下了明确的定义。根据该文件，现代服务业不仅是建立在新的商业模式、服务方式和管理方法基础上的服务产业，更是以现代科学技术，尤其是信息网络技术为核心支撑的产业。这个定义不仅展示了现代服务业的技术导向和创新导向，还表明了这一产业与传统服务业的差异化。

现代服务业对传统服务领域进行了深度整合和改造，使之变得更具效率和创新性。例如：一家餐厅在过去可能仅仅依靠服务员为顾客提供服务，而现在则可能借助于数字化点餐系统、无人配送机器人和智能化的厨房设备，提供更高效、个性化的服务。这种变革不仅改变了服务的形态，更提高了服务的质量和效率。信息网络技术在现代服务业中起到了至关重要的作用，无论是数据收集、处理、存储还是数据的分析、应用，都离不开现代技术的支持。以电子商务为例，从前的购物模式主要是线下实体店购买，而现在的电商平台通过大数据和算法分析，可以为消费者提供更加精准的商品推荐，为商家提供更为详尽的市场分析，使得整个购物体验和商业运作变得更为高效和智能。

现代服务业中新的商业模式和服务方式的出现也是其核心特点之一。共享经济模式在过去是不存在的，而现在已经深入人们的日常生活，如共享单车、共享住宿等。这种模式通过优化资源配置，使得资源利用率大大提高，同时为消费者带来了更多的选择和便利。这说明在现代社会中，服务业已不再是单一的、孤立的存在，它融合了技术、管理、商业模式等多个维度，为人们的生活和工作提供了全方位的支持和便利。从更宏观的角度看，现代服务业的发展和壮大也是社会经济发展的一个重要体现，它反映了一个国家或地区的经济结构和发展水平。

二、现代服务业的分类

现代服务业满足了现代城市与当代人们的需求，脱胎于传统服务业，却更显现代化，更具技术与文化的深度。这一行业的演进带来了四个核心领域，分别为基础服务、生产和市场服务、个人消费服务以及公共服务。这些领域不仅体现了现代服务业的宽广范畴，还彰显了其在满足各种社会需求中的不可替代性。随着技术和文化的不断进步，可以预见这一行业会持续繁荣，为现代生活提供更多的便利与支持，具体分类如表3-1所示。

表3-1　现代服务业的业内类别划分

类别	具体性质	服务对象	经济与社会发展中的作用和价值
基础服务	通信服务、信息服务	广大消费者及企业	提供基础的通信和信息传输，保障信息流通和联系
生产和市场服务	金融、物流、批发、电子商务、农业支撑服务、中介和咨询等专业服务	企业和个人	支持企业和个人在市场上进行交易、运营和管理，提高经济效率
个人消费服务	教育、医疗保健、住宿、餐饮、文化娱乐、旅游、房地产、商品零售等	广大消费者	满足人们的基本和进阶需求，提升生活质量，促进消费经济增长

续　表

类　别	具体性质	服务对象	经济与社会发展中的作用和价值
公共服务	政府的公共管理服务、基础教育、公共卫生、医疗以及公益性信息服务等	全社会	保障社会的稳定、健康和教育，提供公共利益和社会福利，促进全社会的和谐发展

（一）基础服务

基础服务扮演了现代社会信息流通和联系的关键角色。这一类服务深刻地影响着日常生活和商业活动，其中包括通信服务和信息服务两个重要方面。在这个信息爆炸的时代，基础服务为确保信息的畅通无阻做出了巨大贡献。从个人到企业，从日常生活到专业领域，每一处都可以感受到其带来的便捷和效率。确保信息和通信的稳定运作，已经成为现代社会不可或缺的一部分。

通信服务主要关注于提供稳定、高效的通信连接，无论是个人与个人之间，还是企业与企业之间的联系，都离不开这项服务的支持。在数字化的今天，无论是电话、互联网还是移动通信，其背后都有通信服务在默默工作。无论身处何地，都可以轻松地与家人、朋友或者同事保持联系。商业活动也因此变得更为流畅，合作伙伴可以随时沟通，客户可以迅速获得所需信息，确保商业机会不会被错过。信息服务则更聚焦于信息的收集、处理和传播。在大数据时代，每天都有海量的信息被产生，如何有效地管理这些信息，使其为人们服务，就是信息服务要解决的问题。通过信息服务，无论是新闻、教育资料还是专业知识，都可以被迅速地传递给需要的人。同时，信息服务能帮助个人和企业进行数据分析，挖掘出有价值的信息，助力决策过程。

（二）生产和市场服务

生产和市场服务贯穿于生产和销售的每一个环节，助力各类企业提升效率、增强竞争力。其中，金融服务为企业和个人提供了资金流转的渠道。无论是企业的投资、扩张还是个人的购房、消费，金融机构都能为其提供相应的贷款和融资解决方案。同时，金融市场提供了各种投资机会，如股票、债券和基金，可以帮助人们管理和增值自己的财富；而物流服务保证了货物能够准时、安全地从生产地送达消费者手中。现代物流不仅仅是简单的运输，还涉及仓储、配送和信息管理，能够确保整个供应链的高效运转；批发服务则连接了生产者和零售商，使得大量的产品能够迅速进入市场，满足消费者的需求；电子商务是近年来迅速崛起的新型交易模式，通过互联网平台，消费者可以方便地选购商品，商家也可以更有效地展示和推广自己的产品；农业支撑服务为农业生产提供了技术、资金和市场信息支持，因为现代农业已经不再是简单的种植和养殖，而是需要科技和管理知识去优化生产过程，提高产量和品质；中介和咨询等专业服务为企业和个人提供了决策支持。无论是房地产交易、企业并购还是市场策略，专业的咨询服务都能为决策者带来有价值的建议和见解。

（三）个人消费服务

个人消费服务直接触及日常生活的每一个角落，涵盖生活中的各个方面，是满足人们基本和进阶需求的关键。其中，教育服务为人们提供了知识和技能的获取途径，从幼儿园到大学，再到各种成人教育课程，教育服务能够帮助人们更好地适应社会，从而实现个人价值；医疗保健服务保障了人们的身体健康，无论是常规的体检、疾病治疗还是健康咨询，都能确保人们在身体出现问题时得到及时的医疗援助；住宿和餐饮服务满足了人们的基本生活需求，好的住宿能让人在外出时有个舒适的休息地，而美味的餐饮则能满足人们的味蕾；文化娱乐和旅游服务为人们提供了休闲和娱乐的方式，无论是去电影院看一场电影、参加各种展览和演出，还是选择一个旅游目的地放松心情，文化娱乐和旅游服务都能帮助人们放松身心、丰富精神生活；房地产服务与人们的居住和投资密切相关，选择一个合适的家，是每个人都会面临的问题，而对于有投资意愿的人来说，房地产也是一个不错的选择；商品零售服务涉及日常生活的各个方面，从服饰、家居到电子产品，都需要通过零售服务来满足人们的购买需求。

（四）公共服务

公共服务是为了满足社会公众的共同利益和需求而提供的服务。这类服务往往与人们的基本权利和福利紧密相关，它们的存在能够确保社会的稳定和公众的幸福。政府的公共管理服务扮演了社会运作的核心角色，它确保法律、政策和规章制度能得到恰当的执行，同时对社会各个领域进行有效管理，如公共交通、城市规划和环境保护等。政府还负责处理社会问题，协调不同的利益群体，确保社会公正和和谐。

基础教育是每一个公民都应享有的权利，除了学科知识，基础教育还能培养学生的思维能力、道德观念和社交技巧，为他们的成长打下坚实的基础；公共卫生服务关乎人们的健康和生命，它涉及疾病的预防、控制和治疗，确保人们能够在一个健康的环境中生活。此外，公共卫生服务还包括健康教育和健康促进活动，旨在帮助人们养成健康的生活习惯；公共医疗服务则为人们提供了医疗救助，无论是常规的体检、疾病治疗还是紧急医疗救助，都能确保人们在身体出现问题时得到及时的医疗援助。公共医疗系统还为低收入和弱势群体提供了医疗保障，确保他们也能享有医疗服务；公益性信息服务为公众提供了有关公共事务的信息，包括天气预报、环境信息、健康建议和公共活动等。这些信息能够帮助人们做出正确的决策，同时增强公众对社会的参与感。

第二节　数字技术对现代服务业的影响

一、数字经济提升了服务业的劳动生产率

（一）打破传统服务业属性，增强其贸易性

随着数字技术的飞速发展，传统服务业的一些固有属性受到了挑战，从而给这个行业带来了翻天覆地的变革。在此背景下，深入探讨如何通过数字技术重塑服务业，使其具有更强的贸易性自然尤为重要。服务业过去常常受到"同步性""不可存储"和"不可贸易性"的约束，这意味

着服务通常需要提供者和消费者同时在场的情况下才能发生，不能像实物商品一样被存储起来，也难以进行跨地域的交易。但随着数字技术的日新月异，这些约束开始被打破。

考虑到数字技术，特别是存储技术的进步，现在的服务可以被保存在各种存储介质中。这种变革意味着服务不再是消费的瞬间就消失的，而是可以被存储、重复使用甚至传播。例如：一个讲座可以被录制下来，随后无数次地播放，为无数的观众带来价值。这为服务业带来了新的产业属性和商业模式。更重要的是，这种变革增强了服务的贸易性。服务现在可以像其他商品一样进行交易，不再仅仅限于本地或面对面的交易。跨境电子商务的兴起证明了这一点，许多服务，如教育、咨询和娱乐，现在都可以在线提供并销售给全球客户。而这种改变带来的好处是显而易见的，服务提供者现在可以接触到更大的市场，不再受到地域的限制；消费者则可以享受到更多、更好、更便捷的服务，不必受到地点和时间的束缚。

（二）推动服务业全球化与远程传输

在数字经济的大潮下，服务业经历了前所未有的变革。当技术成为推动力，信息网络作为桥梁，服务业得以实现远距离传输和全球化服务，颠覆了过去的运营模式和商业逻辑。远距离传输的概念在传统服务业中显然是不可思议的，传统服务业为了接受某项服务，如医疗、教育或咨询，通常需要服务提供者和接受者在同一地点。然而，随着互联网和通信技术的发展，这一局限已经被彻底打破。例如：在金融领域，过去的银行交易可能需要到银行进行，但现在，通过手机应用和网页，可以轻松完成转账、查询和投资等操作，无须再走出家门。

全球化服务同样是数字经济带来的另一个重要变化，具体表现就是服务业不再局限于特定的区域或国家，而是能够跨越国界，为全球的用户提供服务。例如：在教育领域，过去可能需要出国留学才能接受优质的教育，但现在，许多国外的名校都提供在线课程，学生在家就能听课并与教授互动。技术的进步不仅使得服务能够进行远程传输，还为知识密集型和技术密集型服务业提供了更为广阔的空间。在这种背景下，在线教育、互联网医疗、研发和设计等领域得以快速发展。这些服务不再受到地理位置的制约，可以通过信息网络为全球客户提供。例如：一个设计师在上海可以为纽约的客户提供设计方案；同样，一个医生在伦敦可以为悉尼的患者提供远程会诊。值得一提的是，信息技术不仅改变了服务的传输方式，还重新定义了服务的内容和形式。过去，服务可能需要大量的人工参与，但现在，许多服务都可以通过自动化技术、算法和机器学习来完成，从而极大地提高了效率。例如：客服领域的许多基础工作现在可以通过机器人来完成，无须人工干预。

（三）平台经济成为新的战场，推动服务业创新

数字技术与传统服务业交汇碰撞产生的火花不仅改变了服务的提供方式，更创新了整个商业模式。平台经济的兴起，代表了这一创新浪潮的核心，也让服务业进入一个全新的战场。顾名思义，"平台经济"是基于数字平台的经济模型，不同于传统的线下模式，这种模型通过线上平台连接服务提供者和消费者，使双方能够在同一个平台上实现互动和交易。这种连接模式极大地降低了交易成本，提高了市场效率，并为双方创造了更大的价值。

以阿里巴巴、美团、滴滴为例，它们通过强大的技术和巨大的用户群体，构建了一个开放、共享的生态系统。这些平台不仅是一个交易市场，更是一个创新的实验场。服务提供者可以在这里尝试新的服务模式，寻找新的商业机会，而消费者可以在这里享受到更为便捷、个性化的服务体验。

这显然意味着传统服务业在与数字技术的结合中得到了新生。例如：在教育领域，学习不再局限于教室的教学模式，在线教育让知识的传播不受时间和空间的限制，满足了更多人的学习需求；在餐饮领域，网上订餐为消费者提供了更为丰富和便捷的选择，使餐饮服务可以轻松服务用户。这种结合不仅给服务业带来了更高的效率，更满足了现代社会中人们多样化和个性化需求。在这个过程中，服务的形态、内容和质量都得到了极大的提升，而平台经济作为催化剂，促进了这种创新和变革。

（四）数字化技术改进服务流程，提高劳动生产率

在数字化浪潮的冲击下，服务流程得到了极大的简化和优化。这不仅改进了服务的提供方式，还大大提高了整体劳动生产率。这种变革涉及众多服务领域，其影响深远且广泛。线上医疗是其中一个典型例子，在传统的医疗模式下，患者往往需要前往医院，经过排队、挂号、等待医生等一系列流程，这不仅耗费时间，还可能导致疾病在等待中加重。但随着远程会诊和影像云技术的应用，患者可以直接在家与医生进行视频沟通，实现了病历共享和远程诊断。这不仅解决了医疗资源分布不均和地域限制的问题，更节省了大量时间和成本，提高了医疗服务的效率和质量。

在线教育也受益于数字化技术，因为在传统的教育模式下，教师需要为大班学生统一授课，难以满足每位学生的个性化需求。但在线教育的崛起打破了这一局限。现在，教师可以根据学生的特点和需求，提供更为精确和针对性的教育服务，如实时反馈、个性化测试和学习建议等。这不仅提高了教学效果，更培养了学生的自主学习能力，让教育更加高效和有针对性。线上办公技术的出现，更是直接简化了政务和企业服务流程。过去，无论是政务办事还是企业内部协作，往往需要复杂的文件流转和审批。但现在，通过线上平台，文件可以实时共享和编辑，工作流程得到了明显的简化。例如：线上审批系统使得文件可以在各级领导之间迅速流转，实时反馈和修改，大大缩短了办事周期；线上协作工具，如文档共享、视频会议等，使得团队成员可以随时随地进行交流和合作，提高了工作效率。而这种简化和优化的服务流程，自然带来了劳动生产率的显著提高。更重要的是，数字化技术还带来了服务的持续创新，如AI辅助诊断、智能教育推荐系统等，这进一步增强了服务的价值和吸引力。

二、数字经济降低了交易成本

数字经济的崛起和发展不仅提高了经济的运行效率，更在多个层面显著降低了交易成本。它为全球化铺设了坚实的基石，使得信息交换更加普遍、快速和便捷，具体表现如表3-2所示。

表3-2　数字经济降低交易成本的具体表现

交易成本的表现	优　势	时代意义	具体作用
降低搜寻成本	更易发现利基产品	促进"长尾市场"延伸	简化商品价格对比，提升平台经济交易量
降低复制成本	边际效用递增、边际成本递减	聚集利基产品的分散用户	企业与服务商创新营销手段，发掘经济增长点
降低运输成本	信息"零"成本传输	农村消费者获得同质产品与服务	扩大人们就业选择范围，企业进入全球供应链
降低跟踪成本	更深入了解客户需求	达到信息增值	一对一服务，满足非主流市场客户需求，提高企业效益
降低验证成本	信用数字化	改变小规模企业在数字市场的处境	客户与企业的身份验证变得更容易，合作更为密切

在降低搜寻成本方面，可以说在数字技术如大数据和云计算的驱动下，寻找信息的过程变得更为轻松。消费者可以在瞬间找到所需的信息，而不是花费大量时间和金钱进行研究和调查。这不仅加速了信息的获取速度，还带动了许多市场（如零售和金融）的活跃度。在这种环境下，消费者更容易发现并购买到所需的利基产品，进而推动了"长尾市场"的发展。同时，降低的搜寻成本也使得商品价格的对比变得更为简单，对平台经济的发展有所助力，从而带动了交易量的增长。

在降低复制成本方面，数字经济带来的最大特点便是信息商品的"零"复制成本。与传统的物质商品不同，信息商品可以被无数次复制而不损失其原有的价值。这种独特性让数字经济具备边际效用递增和边际成本递减的优势。因此，数字经济更易于吸引分散的用户，进而打开多个利基市场。企业和服务提供商也会借机改变经营模式，不断进行创新，从而找到新的经济增长点。

在降低运输成本方面，数字技术使信息的存储和传输成本趋近于零。这种信息成本的降低破除了地域和距离的限制，使得各地的消费者都能获得同样的数字产品和服务。农村的消费者也可以融入全球市场，享受到与城市消费者同样的待遇。此外，这种降低的运输成本促进了新的创业模式的崛起，让更多的人看到了创业的机会。

在降低跟踪成本方面，数字技术使企业更容易跟踪目标客户，从而更准确地了解他们的需求。通过大数据分析和其他数字工具，企业可以为客户提供更加精准和个性化的服务，进而加强与客户的关系，提高企业的价值。

至于验证成本，数字经济时代的信用数字化使得客户和企业之间的身份验证变得异常简单，不再需要复杂的背景调查或其他验证手段，只要通过简单的数字验证就可以完成。这种便利性特别有助于小规模企业在数字市场中与潜在客户建立联系并达成合作。

三、数字经济扩大了服务业的行业差距

（一）产业结构的非线性进化

提及数字经济对服务业的影响，人们很容易想象一个平稳、有序的增长过程，但实际上，服务业在数字经济的背景下呈现出阶梯式的升级模式。这不仅仅是一个简单的技术迭代，更是一种战略性的变革。有的行业得以飞速地拥抱技术进步，借此快速升级并走在时代的前列。它们不仅获得了技术上的先发优势，而且在操作效率、市场响应、客户体验等方面都有显著的提升。相对地，其他一些行业则可能因为种种原因未能及时融入这一变革，逐渐在竞争中落于下风。这种阶梯式的、非线性的进化方式，明显拉大了高技术行业与低技术行业之间的差距，而这种差距不仅仅局限于技术层面，更影响着市场格局、利润结构、竞争策略等多个层面。

（二）技术吸收与转化的不均衡

随着数字经济如火如荼地推进，各个行业都面临新技术的冲击与机遇，但需要注意的是，服务业中的不同行业在对新技术的吸收和转化上，表现出了很大的差异性。为何会如此呢？原因是多方面的。以金融业和信息软件业为例，这两个行业的特点决定了它们更容易与数字技术如大

数据、云计算进行结合，并以此实现业务的数字化与智能化。这不仅仅是因为它们在技术上有更强的亲和力，更重要的是它们的业务模式和市场需求与数字技术有着天然的契合度。反观如住宿和餐饮这类传统的生活服务行业，由于业务特点和市场环境，它们在数字技术应用上可能存在一定的局限性。这导致了一个现象：在技术应用、效率、市场竞争力等方面，行业间的差距不断扩大。

（三）资源的倾斜与行业间摩擦

资源分配始终是经济学中的核心议题之一，因为在数字经济的大背景下，资源在各服务业中的分配格局也发生了显著的变化。能够高效利用数字技术的行业，如金融业，往往能够获得更多的资源，包括资金、人才、市场份额等。这种优势会使这些行业在市场竞争中处于更有利的位置，进一步巩固其市场地位。与此同时，那些与数字技术结合度不高或者应用不够深入的行业，可能会面临各种资源的紧缺，这不仅限于资金，还包括技术、人才等关键资源。当资源的分配不均时，各行业之间的摩擦和竞争也随之加大。这种摩擦可能体现为市场份额的争夺、人才的流动、技术的争夺等。如果不加以管理和调解，可能会对服务业的整体协同和竞争力造成负面影响。

第三节　现代服务业的转型与创新

一、信息技术的应用

（一）个性化服务与大数据分析

随着信息技术日新月异的进步，大数据在现代服务业中的重要性日益凸显。每次消费者在线上进行的搜索、在电商平台上的购物车添加、在社交媒体上的点赞，都在为数据池添加新的信息。这些丰富多彩的数据，为现代服务业揭示了消费者的真实需求、偏好和消费行为模式，不再需要猜测消费者下一步的需求。因为大数据为服务业带来了前所未有的预测能力。例如：在电影产业中，通过观众的观影历史、电影评分和评论等数据，影院可以给观众推荐他们可能喜欢的电影，从而提高票房和观众满意度。再如：在时尚零售业中，品牌可以分析消费者购买的颜色、款式和尺寸，预测下一个季度可能受欢迎的时尚潮流。基于这些预测，品牌可以调整生产计划，减少库存积压，同时提高销售额。

大数据不仅可以帮助服务业更好地了解消费者，还可以为消费者带来更高的满足感。因为当服务能够根据每个人的喜好进行定制时，消费者得到的不再是千篇一律的标准化服务，而是专属于自己的个性化体验。例如：在线教育平台上，学生可以根据自己的学习进度和兴趣，接收到定制化的学习资源和建议，从而更有效地学习。但是，也要意识到大数据分析的挑战和限制。数据的安全和隐私问题，是每一个利用数据的服务业都需要面对的问题。确保消费者数据的安全，避免数据的滥用，是服务业持续获得消费者信任的基石。而在利用数据进行个性化服务的过程中，避免过度推荐，确保消费者可以在一个开放的平台上自由选择自己真正需要的服务，也是每一个服务业都应当遵循的原则。

（二）虚拟化服务与远程技术

随着信息技术的高速发展，虚拟化和远程技术逐渐改变了服务业的面貌。一个显著的变化是，无论人们身处何地，只要有稳定的网络连接，就可以享受到多种服务。这种变革彻底摆脱了地理位置的限制，为服务提供者和消费者带来了无数新机遇。观察现代社会，会发现线上购物、网络银行、远程办公已经成为日常生活的一部分，这些都得益于远程技术和虚拟化服务的普及。例如：过去想要参与一个国际会议可能需要长途跋涉到另一个城市或国家，但现在只要打开电脑或手机，就可以通过视频会议软件轻松参与。再如：过去想要欣赏世界各地的艺术品，可能需要乘坐飞机、火车去各大博物馆，但现在许多博物馆都提供了虚拟导览，让人们在家中也能近距离欣赏到珍贵的艺术品。这不仅方便了艺术爱好者，也使得艺术文化得以更迅速的扩散。

与此同时，健身和运动也受益于这一技术的发展。众所周知，有些运动需要专业的指导和训练，如瑜伽、舞蹈等。现在，不少专业的健身教练都提供在线教学，学员在家中也能接受专业的指导。不得不提的是，这种服务模式也为那些生活在偏远地区的人提供了更多选择。例如：偏远地区的学生可以选择在线教育，接受更优质的教学资源；居住在乡村的居民也能享受到城市中的高级医疗服务。当然虚拟化服务与远程技术虽然给人类带来了诸多便利，但网络安全、数据保护、技术标准等问题也需要得到解决，为了确保服务的顺畅进行，必须不断地对技术进行升级和优化。

（三）无缝连接与物联网

物联网技术正在逐步渗透日常生活的方方面面，它可以将各种物体相互连接，形成一个高度互联的世界，这一技术的出现与发展，无疑为现代服务业注入了无限的活力和可能性。

以智能家居领域为例，以前的家居生活是被动的、零碎的，而现在已经发生了翻天覆地的变化。家中的电视、冰箱、空调、洗衣机、灯光，甚至窗帘，都可以通过物联网技术互相沟通、配合工作。例如：一场电影结束后，电视会自动告诉空调调整室内温度，营造更加舒适的休息环境；早晨的闹钟响起，窗帘自动拉开，咖啡机开始煮咖啡，为忙碌的一天注入活力。生活的每一个环节都在智能化的协同作战下变得更加无缝和舒适。

在交通出行领域，物联网技术也发挥着不可或缺的作用。自动驾驶汽车需要与周围环境、道路、其他车辆甚至是行人进行实时沟通，以确保行驶的安全。智能交通信号灯能够根据车流量实时调整信号时间，大大缓解了城市交通拥堵的问题。出租车和共享单车等都可以通过物联网技术实时上传位置信息，为用户提供更加准确的服务。

再看医疗健康领域，许多医疗设备都已经与物联网技术相结合，可为患者提供更为精准的医疗服务。例如：一些健康监测设备可以实时收集患者的生理数据，并将其发送到云端，医生可以随时查看患者的健康状况，及时做出判断和决策。

商业零售领域也正在享受物联网带来的便捷。例如：超市和商店中的货架和商品都安装有传感器，可以实时监控库存，当某个商品即将售

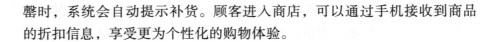

馨时，系统会自动提示补货。顾客进入商店，可以通过手机接收到商品的折扣信息，享受更为个性化的购物体验。

（四）环境友好与绿色技术

在这个日益关注环境和可持续性的时代，服务业的绿色转型成为刻不容缓的议题。信息技术为此提供了强大的工具和解决方案，推动服务业朝更为环境友好的方向发展。因此，环境问题不再是单纯的生态议题，而是涉及全球的经济、健康和社会稳定。服务业作为全球经济的重要组成部分，肩负着在这方面作出贡献的责任。信息技术正是连接服务业与绿色发展的桥梁。想象一个现代的餐饮业场景，每一道菜的食材都是基于客户前期订单和数据预测准确采购的，这样不仅降低了存储成本，还避免了食物的浪费。当然，这种预测不可能完美无缺，但与传统的盲目采购相比，这种方式已经大大提高了效率。而在厨房，智能系统还会监控每一台设备的能耗，确保它们都在最佳状态下运行，避免浪费。

在酒店业中，智能管理系统能够监控每一个房间的能源使用情况。例如：当检测到房间无人时，系统会自动关闭不必要的电器，如电视、空调和照明。这不仅为酒店节省了大量的能源成本，也大大减少了碳足迹。在物流和运输领域，信息技术同样扮演着重要的角色。数据分析可以为物流公司提供最佳的路线规划，减少不必要的运输距离和时间，从而减少油耗和排放。在零售业中，信息技术正在推动环境友好型社会建设。通过数据分析，商家可以更为精确地预测顾客的需求，避免过度生产和库存积压，从而减少资源浪费。而对于那些不能销售的商品，智能系统可以为商家提供回收和再利用的建议，确保资源的最大化利用。

二、增加场景化服务

（一）体验与参与度的提升

随着人们对生活品质的追求日益增强，单一的服务已经不能满足现代消费者的需求。在这个背景下，场景化服务开始出现，它注重为消费者创造一个全新的、沉浸式的体验，让人们不仅仅是消费者，更是场景的参与者。以餐饮业为例，过去的餐厅可能只是提供一顿美味的餐食，而现在越来越多的餐厅正在寻求创新，希望为顾客提供一种与众不同的体验。于是，互动厨房、开放式厨房、烹饪课程等概念应运而生。这些不仅让顾客对食物有了更多的了解，更重要的是，它们提供了一种参与感，让顾客真正成为餐饮过程中的一部分。

在零售业中，也可以观察到类似的趋势。许多品牌都在努力为顾客创造一个身临其境的购物体验，而不仅仅是简单地提供商品。例如：一些品牌会在店内设立体验区，让顾客可以试用产品，或者开展各种活动，从而增强顾客与品牌之间的联系。在文化和娱乐领域，场景化服务也在发展。影院、剧场、博物馆等传统场所都在寻找机会与时俱进，希望为顾客带来更为沉浸式的体验。通过高科技的手段，如虚拟现实、增强现实等，人们能真正感受到身处其中的感觉，从而更为深入地参与文化和娱乐。

（二）服务的多元化与创新

现代服务业面临的竞争与挑战前所未有，要想在这样的环境中脱颖而出，仅仅提供传统服务是远远不够的，这正是场景化服务受到追捧的原因。它要求服务提供者从顾客的真实需求出发，融合各种资源，打破行业壁垒，提供多元化、综合性的服务，从而为顾客创造更为丰富和深入的体验。以图书馆为例，在数字化时代，人们可以轻松地在线阅读、下载各种资料，那么图书馆还有存在的价值吗？答案是肯定的，但前提是图书馆需要进行创新和转型。除了传统的借阅功能，图书馆可以转型为文化体验中心，如举办讲座、工作坊、艺术表演等活动，这不仅能吸引喜欢阅读的群体，还能吸引对文化艺术感兴趣的人们。而这种转型正是基于场景化服务的理念，通过提供多种服务，满足不同消费者的需求，增强其对品牌的忠诚度和满意度。

再从酒店业出发，传统的酒店只提供住宿服务，但现在的酒店开始探索如何为顾客提供更为丰富的体验。例如：提供各种主题房间、特色餐饮、健康养生、文化艺术、户外探险等服务，从而让顾客在酒店中可以享受到多种体验。这样的服务模式不仅增加了酒店的吸引力，还为酒店带来了更高的附加值。这样的创新和转型背后，是对现代消费者越来越多元、个性化需求的深入理解。人们不再满足于单一、传统的服务，而是希望在消费过程中，能够获得更为丰富和深入的体验。而场景化服务，正是回应这一需求的最佳选择。场景化服务通过提供多元化、综合性的服务，增强了与顾客之间的连接，还为企业带来了持续的竞争优势。

（三）精准化营销与数据收集

现代服务业正经历着一个重大的转折点，那就是从传统的面向大众的服务模式转向为每一位顾客提供个性化服务的模式。场景化服务作为这一转型的关键手段，强调的是根据每一位顾客的具体情境和需求提供服务。这种转型背后的驱动力，正是对精准化营销的追求。在传统的营销模式中，企业往往通过广告、促销等方式来吸引顾客。但这种方式存在一个很大的问题，那就是效果的不确定性。但现在，有了数据支持，企业可以对每一位顾客的消费习惯、喜好和需求进行深入了解，从而提供更为贴切的服务。这种服务不仅能够满足顾客的真实需求，还可以提高顾客的满意度和忠诚度。

以健身中心为例，除了提供传统的健身服务，还可以根据会员的运动数据为其提供个性化的锻炼建议和营养餐。运动数据不仅包括会员的运动频率、时间和强度，还可以包括其身体状况、健康目标等信息。有了这些数据，健身中心可以为会员提供更为精准的健身计划，帮助其更快地达到健康目标。而这种个性化的服务，无疑会增加会员的黏性，让其更愿意长期在健身中心锻炼。除了为顾客提供个性化的服务，数据还为企业的营销活动提供了宝贵的支持。例如：通过对顾客数据的分析，企业可以了解到哪些产品或服务较受欢迎，哪些活动效果较好，从而为未来的营销策略提供参考。同时，有了数据支持，企业可以进行更为精准的目标客户定位，提高营销活动的转化率。

（四）社区化与共创共享

在当今时代，消费者的需求不再仅仅停留于获得产品或服务上，更希望能够参与其中，与品牌及其他消费者产生深度的互动。场景化服务正好满足了这种新的消费模式，使消费者、企业和其他参与者能够形成一个共创共享的社区。文创空间是这种新模式的典型代表，传统的艺术品展览和手工艺品销售的方式，虽然可以为消费者提供美的享受，但在某种程度上仍然存在着"距离感"。而现在，文创空间不仅提供了这些传统服务，还为艺术家和消费者提供了一个交流的平台，允许他们自由地分享创意、经验和感受，甚至鼓励双方共同创作，真正实现了艺术的"民主化"。

这种社区化的模式为消费者带来了前所未有的参与感和归属感。与企业和其他消费者的深度互动，使消费者感受到自己是这个社区的一部分，而不仅仅是一个"旁观者"。这种参与感和归属感，无疑增强了消费者的忠诚度，使其更愿意长期支持和推广企业的品牌和产品。对于企业而言，社区化的模式也带来了诸多好处。较为直接的好处就是为企业提供了大量的创意和资源。消费者的参与和分享，为企业带来了前所未有的创意来源。这些创意不仅可以帮助企业提供更为创新的产品和服务，还可以给企业的品牌形象带来积极的影响。此外，消费者的互动和分享，可以为企业提供宝贵的市场反馈，帮助其更好地了解市场的动态和消费者的真实需求。

三、服务的差异化

（一）技术与数字化的赋能

如今，技术与数字化已成为现代服务业转型与创新的关键因素。行业内每一家企业都在思考如何利用技术来为自身的服务带来真正的创新，从而在竞争激烈的市场中脱颖而出。酒店行业就是一个典型的例子，以往酒店主要依靠地理位置、硬件设施和服务质量来吸引客户。但现在，技术与数字化为酒店业提供了更多的可能性。利用人工智能对大量的客户数据进行分析，酒店可以深入了解每位顾客的偏好和需求。这种深度的了解，使酒店能够为每位客户提供更加个性化的服务。想象一下，进入酒店房间，房间的灯光、温度和音乐都根据自己的喜好自动调整；早上起床，早餐桌上已经准备好自己喜欢的食物。这些都不再是遥不可及的梦想，而是技术与数字化赋能下的现实。

除了酒店行业，其他的服务行业同样可以从技术与数字化中受益。

例如：健身中心可以通过智能手环收集用户的健身数据，为用户提供更为合适的锻炼计划；美容院可以通过面部识别技术为客户提供更为合适的护肤方案。但是，要真正实现服务的差异化，仅仅依靠技术是不够的，关键在于如何将技术与数字化与企业的核心业务相结合，创造出真正有价值的服务。只有这样，企业才能在市场中建立起自己独特的竞争优势，吸引并留住更多的消费者。

（二）绿色与可持续性

随着全球环境问题的日益严重，绿色和可持续发展逐步升级为现代服务业的核心关注点。这样的趋势不仅是应对外部政策和法规的要求，更重要的是回应消费者对于健康、环境及社会责任的期望。以餐饮业为例，过去的吸引点或许仅仅集中于如何制作出色的美食。但今天，一个餐厅的责任已经不再局限于此。食材的来源、如何加工食物以及如何进行包装和传输，都成为衡量一个餐厅的标准。

这样的绿色理念不仅赋予餐饮企业新的商机，还帮助它们与消费者建立更深入的关系。当今的消费者在选择餐厅时，不只是看重美食，更重视餐厅是否有环保意识和社会责任感。因此，致力于绿色和可持续发展的策略必然会为企业带来竞争上的优势。餐饮业只是众多服务行业中的一例，其他领域如酒店、健身和美容都可以从绿色和可持续的趋势中寻找机会。例如：酒店可以寻求更加环保的运营方式，如节能、废物减少等；健身和美容行业可通过提供更加天然、安全的产品来满足消费者的需求。

（三）文化与故事的融入

在现代服务业日益同质化的竞争中，提供独特且有深度的体验逐渐变得关键。文化与故事正是这场竞争中的王牌。不仅因为它们能够为消费者带来别致的体验，更因为它们具有深厚的情感纽带和记忆点。以旅行社为例，单纯的观赏风景已经不能满足广大的旅行者，更多的人追求的是一种文化沉浸和情感共鸣。因此，"文化之旅"这种模式应运而生，旨在让游客走进目的地的历史长河，感受其独特的艺术氛围，体验当地的民俗风情。每一个古老的建筑、每一幅壁画、每一个传统活动，都蕴含着一个又一个的故事。当游客深入体验这些故事时，他们不仅会对目的地产生深厚的情感，更可能成为这个地方的长期粉丝，甚至传播者。

不仅仅是旅行业，其他服务业领域同样可以从文化和故事中寻找机会。例如：手工艺品店中的每一件手工艺品背后都有一个制作者，每一个制作者都有自己的经历和故事。消费者了解到这些背后的故事后，他们购买的不再是一个简单的商品，而是一段历史、一份情感。

（四）社交与共享经济的整合

现代服务业的转型与创新正面临着前所未有的机会与挑战。与此同时，社交媒体和共享经济正在重塑人们的消费习惯和价值观。这两大力量的交汇，为服务业带来了新的思考和可能。想象这样一个场景：结束了一天的工作，许多人选择前往健身中心锻炼身体。但今天，健身不再是一个人的事情。通过与社交平台的紧密合作，健身中心提供了线上线下融合的体验。在线上，可以观看专业教练的健身课程，与朋友一起参与虚拟的健身挑战，分享健身成果并获得鼓励与建议；在线下，可以参与各种集体活动，如小组课程、户外运动等。这样的整合，使得健身变得更为社交化和多元化，也为消费者带来了更丰富的体验。

再看共享经济的影响，以往许多服务和资源都是独立的，但通过共享，更多的人可以轻易地获得这些服务和资源。例如：共享工作空间。在过去，创业者和自由职业者可能需要租用昂贵的办公室。但现在，只需在共享平台上预订，即可获得一个舒适的工作环境，还可以与其他创业者交流经验、拓展人脉。这样的模式大大降低了创业和自由工作的门槛，也使得工作变得更为灵活。

社交与共享经济的整合不仅仅局限于健身和工作，几乎在所有的服务业领域，都可以看到这两大力量的影响。从餐饮到娱乐，从教育到医疗，都可以看到更为个性化、社交化和共享化的服务模式。

第四节　现代服务业的发展策略

一、提高服务质量和创新能力

（一）提高服务质量

在过去，服务质量往往只是停留在技术层面或是满足基本需求的层面。但在今天，要真正脱颖而出，服务业需要向更深层的情感需求延伸。融入情感因素，实现真正的人性化服务必不可少，因为消费者现在更看重的是与服务提供者之间的情感连接和体验。例如：餐厅不仅要提供美味的食物，还要有能够触动人心的服务和氛围，使顾客在享受餐食的同时，能感受到家的温馨和舒适。因此，服务质量的提升需要注重情感层面的需求，创造独特且深入人心的服务体验。随着技术的进步，现代服务业更要利用大数据、人工智能等技术提升服务效率和精准度。例如：酒店可以通过数据分析，精确了解每位顾客的喜好，从而提供更为个性化的服务。此外，人工智能技术可以帮助服务提供者预测消费者的需求，提前做好准备，提供更为迅速和准确的服务。

（二）提高创新能力

在这个信息爆炸的时代，消费者对于新鲜事物的需求越来越高。因此，服务业要想保持竞争力，就必须不断地进行创新。跨界融合、实现服务的多元化是必然选择，而跨界融合是实现服务创新的一个有效途径。例如：咖啡店与书店的结合，既可以提供美味的咖啡，又能让顾客在阅读的同时享受美食，实现了服务的多元化。员工是服务业的核心资产，其思维和创意是服务创新的源泉，这就意味着员工要开放思维、积极创新。企业需要建立一个开放的创新文化，鼓励员工积极提出创新意见和建议。同时，企业可以通过培训和学习，不断提高员工的创新能力，为企业的发展注入新的活力。

二、培育服务人才和提高服务素质

（一）培育服务人才

在传统服务业的发展道路中，人才是发展的关键，而在高度竞争的市场环境下，现代服务业的发展更是将人才作为决定性的因素，因此要真正提高服务水平，必须注重服务人才的培育。其中，增强实操能力是全面发展现代服务业的重要策略之一，这样能确保服务人员具备真实场景下的应对能力。

（二）提高服务素质

提高服务素质不仅仅是提高技能和知识，更多的是培养服务态度和精神。具体而言，真心为顾客考虑是基础，因为服务业只有深入了解顾客的需求和感受，才能为顾客提供满意的服务。服务业应注重收集顾客的反馈和建议，从顾客的角度出发，持续改进服务流程和内容。另外，还要将提高服务效率、强化团队合作能力作为关键，确保每个环节都能为顾客提供高质量的服务。

三、紧跟市场需求，提供高效便捷的服务

（一）灵活应变，迅速响应市场需求

市场的需求永远在变，这是一个不变的事实，服务业的核心要紧跟市场，快速、准确地捕捉到这些变化，并迅速调整自己的服务策略。要真正了解市场需求，必须先深入消费者的内心，运用现代技术工具，如数据分析、用户访谈等手段，深度挖掘用户的隐藏需求，将这些需求转化为可行的服务策略，然后在实践中不断尝试新的服务模式和策略，以顺应市场潮流。这种快速试错的方法可以帮助企业迅速找到较合适的市场定位，并在短时间内实现服务的优化。

（二）提供高效便捷的服务

在快节奏的生活中，人们追求的是高效和便捷。为了满足这种需求，服务业需要不断探索和尝试，创新服务方式，为人们提供更为高效和便捷的服务。利用现代技术手段，如人工智能、机器学习等将服务过程智能化，此举可以有效提升服务效率。例如：在客服领域，可以运用聊天机器人提供24小时不间断的在线服务，提高服务效率，满足客户的实时需求。而且，复杂的服务流程往往会增加客户的等待时间和心理压力，所以服务业应努力简化流程，减少不必要的环节，确保每一个环节都能为客户提供价值，提高客户的满意度。另外，在多元化的服务场景中，为了确保客户获得一致的服务体验，需要实现服务的无缝连接。这不仅仅是线上和线下的连接，还包括前台和后台的连接，确保客户在任何场景下都可以获得统一的服务体验。

四、积极开展服务标准化工作

（一）构建高效的标准化服务体系

为了构建一个高效的标准化服务体系，需要明确服务的定位，将服务流程细化到每一个环节。这样可以确保在服务过程中，每一个环节都有明确的操作指南和标准，避免出现服务的盲点和缺陷。建立服务管理系统对服务的每一个环节进行实时的监控和管理，能够确保服务的持续性和稳定性，这不仅可以帮助企业提高服务效率，还能够提高客户的满意度和忠诚度。

（二）服务标准化带来的多重价值

通过服务标准化，服务的专业性和规范性有效提高，增强了企业的核心竞争力。对外，标准化的服务能够为企业赢得客户的信任和口碑；对内，标准化的流程和操作指南能够帮助员工提高工作效率和工作质量，确保服务的可持续发展，满足不同客户的需求。另外，服务标准化可以帮助企业降低运营成本，提高经济效益。

五、积极发展服务业新模式

（一）探索线上线下融合的多元服务形态

企业可以将线上的用户引流到线下实体店进行消费，使得线上线下的资源得到有效整合。在数字化时代，用户数据成为宝贵的资源。通过对用户的消费习惯、喜好和行为进行分析，企业可以提供更加精准和个性化的服务，满足用户多样化的需求。以健身应用为例，用户在应用中输入自己的身高、体重、运动习惯等信息，就可以看到应用推荐的合适的运动项目和课程，从而制订个性化的健身计划。

（二）利用物联网技术，创造智能化的服务环境

物联网，即物物相连的互联网，它可以连接各种物理设备，如传感器、智能家居等。通过物联网技术，企业可以实时收集和分析数据，从而为用户提供更加智能化和便捷的服务。例如：酒店可以通过安装传感器，实时监控客房的温度、湿度和空气质量，当传感器检测到客房内的空气湿度过低时，自动启动加湿器，为客人提供舒适的住宿环境。在物联网的帮助下，服务业可以打造一个智能化的服务平台。这个平台可以实时监控和管理服务的每一个环节，确保服务的效率和质量。以物流为例，物流公司可以通过安装在货车上的传感器，实时监控货车的位置和速度，确保货物准时到达目的地，同时可以通过分析传感器收集的数据，为司机提供最佳的行车路线，节省运输时间和成本。

六、加强服务业与其他产业的结合

（一）融入制造业，推动制造业升级

传统上，制造业主要注重产品的生产，而忽视了产品的后期服务。但现在，随着消费者对产品质量和服务的要求越来越高，制造业必须加强与服务业的合作，提供更加完善的售后服务。例如：智能家居的发展，不仅仅是硬件的生产，更多的是如何通过服务，为用户提供更加便捷、

智能的居家体验。通过与服务业的结合，制造业可以提供远程控制、故障预警、自动维护等服务，使产品更加智能化和人性化。制造业也可以通过与服务业的合作，开发新的商业模式。例如：汽车制造商可以与出行服务商合作，提供共享汽车服务，这样既能满足用户短期出行的需求，又能为制造商带来新的收入来源。

（二）结合金融业，开辟新的蓝海市场

在数字化、信息化的背景下，金融业不再是简单的资金流转，更多的是为客户提供更加便捷、安全的金融服务。例如：通过与服务业的合作，金融机构可以为客户提供财务咨询、投资策略等服务，帮助客户更好地管理资金，实现财务自由。同时，服务业可以为金融机构提供大数据分析、风险预警等技术支持，帮助金融机构更好地识别和控制风险。金融业与服务业的结合，为双方开辟了新的市场。例如：健康管理和保险结合，可以为客户提供健康检查、疾病预防、治疗方案等一站式服务，既满足了客户的健康需求，又为保险公司带来了新的客户。

第四章 数字经济背景下先进制造业的技术经济特征

第一节 先进制造业的定义与分类

一、先进制造业的定义

制造业一直是我国经济的主要支柱，其中传统制造业为国家的经济增长作出了巨大贡献。随着时代的进步，先进制造业逐渐崭露头角，其与传统制造业的主要区别在于它更注重技术的融合和创新，融入了众多高科技成果，深入生产制造的各个环节，能够有效提升生产效率、减少浪费，达到一个全新的、信息化的生产水平。

然而，现阶段对于先进制造业的准确定义和边界，业内尚存在讨论。学者荆平提到了先进制造业的独特性和核心特征[①]，为进一步增加学术探索的深度提供了宝贵的参考，但同时也揭示了该领域的复杂性。目前，学术界初步认为，先进制造业不仅仅是某一种特定的技术或方法，而是一个包含了多种高科技成果的综合体。基于这一认识，本书在研究时尝试将其涵盖的范围定义为以下9个大类：石油加工、炼焦及核燃料加工业；化学工业；金属冶炼及压延加工业；金属制品业；通用、专用设备制造业；交通运输设备制造业；电气机械及器材制造业；通信设备、计算机及其他电子设备制造业；仪器仪表及文化办公用机械制造业。这9个大类均具备先进制造业的核心特征，代表着当前先进制造业的发展方向和趋势。

---

① 荆平.新珠三角的先进制造业之路[J].大经贸，2009（2）：3.

二、先进制造业的分类

制造业，作为经济的核心驱动力，历来扮演着至关重要的角色。随着科技的迅猛发展和全球化的步伐加快，传统的制造模式已难以满足现代社会的需求。智能化、自动化、绿色化等趋势成为当下制造业追求的方向，而"先进制造业"正是这一变革的产物。这种制造业模式不仅追求生产效率，更强调对环境的友善、对人的关怀以及对科技的完美融合。在这种背景下，不同的制造业领域开始涌现出一系列的新概念、新技术和新思维。对于每一个关心未来的人来说，了解并深入研究这些新趋势与变化，无疑是至关重要的。下面结合"先进制造业"的各个领域，对先进制造业进行分类，并对先进制造业内部的所有分类进行系统性说明，具体如表4-1所示。

表4-1　先进制造业所辖领域的类别划分

分　类	应用领域	优　势
关键基础零部件和基础制造装备	液气密元件及系统、轴承齿轮及传动系统、自动控制系统等	提升关键零部件质量、自主创新能力强化
重大智能制造装备	具有感知、决策、执行功能的制造装备	加快制造业转型升级、提升生产效率和技术水平、降低能源消耗
节能和新能源汽车	发展新能源汽车与推动传统燃油汽车节能减排	应对能源和环境挑战、汽车产业转型升级
船舶及海洋工程装备	大型船舶、海洋资源开发	国际领先、自主创新
轨道交通装备	新能源应用、高速列车技术	交通便捷、低碳出行
民用航天	新一代火箭研发、卫星应用系统	展现科技实力、民用航天快速发展
民用飞机	短途运输、多功能	填补空白、满足多样化需求
节能环保装备	污染处理、节能减排、资源循环	环境友好、绿色发展
能源装备	新能源发展、高效发电技术、智能电网	高效、清洁、可再生

（一）关键基础零部件和基础制造装备

关键基础零部件涵盖液气密元件、轴承齿轮传动系统、自动控制系统等。基础制造装备则包括数控机床、冲压、锻造、铸造、焊接、热处理等工业母机。为促进这些领域的发展，已设定三大任务：一是重视锻铸焊等基础工艺研究，提高装备及检测能力，从而提升关键零部件的质量；二是鼓励自主创新，尤其在智能控制系统、智能仪器仪表及关键零部件领域，同时建设行业检测试验平台；三是加大对"高档数控机床和基础制造装备"科技重大项目的推进力度，发展先进的制造装备，如高精度、高速、智能、复合的数控工作母机等。

（二）重大智能制造装备

重大智能制造装备指拥有感知、决策和执行功能的制造装备。智能制造装备对于推动制造业的转型升级、提高生产效率与技术水平、降低能源和资源消耗以及实现制造过程的智能化具有显著的意义。为满足先进制造、交通、能源环保和资源综合利用等关键经济领域的需求，"十四五"规划强调实施智能制造装备的创新发展与应用示范。这涉及集成创新，如智能化成型和加工设备、冶金设备、自动化物流设备、智能化造纸与印刷装备等流程制造装备和离散制造装备，从而达到制造过程的智能化和绿色化。此外，要加速发展各种工业机器人，如焊接、搬运、装配机器人以及专用于安全、深海作业、救援和医疗的机器人，确保国内聚焦补短板、强弱项，重点行业关键核心产品的可靠性水平明显提升，形成可靠性提升典型示范。①

（三）节能和新能源汽车

为应对能源和环境挑战，发展新能源汽车成为全球战略选择与我国汽车产业转型的关键。虽然传统燃油汽车短期内依然是主导，但我国也强调发展新能源汽车并推进传统汽车的节能减排。"十四五"规划提倡节能与新能源汽车双轨并进，高度重视传统汽车的节能、环保与安全性，

---

① 李芃达.五部门印发制造业可靠性提升实施意见：加快提升重点行业关键产品可靠性水平［N］.经济日报，2023-07-05（03）.

同时推动纯电、插电式混合动力汽车等的进展。策略包括推动节能与新能源汽车技术研发，掌握关键技术如高效内燃机、动力电池等，并建立完整的标准体系。同时，要积极研究替代燃料汽车技术并鼓励传统汽车技术升级，如提高污染物排放标准，鼓励汽车企业合并，培育多家大型汽车集团，提高新能源汽车累计产销量。[①]

（四）船舶及海洋工程装备

2010 年，中国就已成为世界第一造船大国，除了实现全系列主流船型的自主设计建造，大型液化天然气（LNG）船与船用曲轴等关键产品也已自主研发和生产，而海洋工程装备在全球市场中持续领先。尽管取得了显著进展，船舶工业仍面临挑战。"十四五"规划为此提出了"十四五"重点任务：一是适应新的国际造船标准，优化船舶产品结构，推进主流船型升级；二是全面掌握高技术船舶如 LNG 船的设计建造技术，强化创新体系；三是提高船舶配套产品的技术和市场地位；四是重视深水装备技术突破，加强海洋资源开发装备与海洋监测仪器产业化，并推动三大海洋工程装备产业集群的发展；五是强调绿色高效和信息化造船，提升本土配套能力。[②]

（五）轨道交通装备

我国的轨道交通装备涵盖全面的技术装备，如机车车辆、通信信号、安全保障等，并经过多年的发展已建立起完整的产业体系。目前，我国在生产能力和规模上位列全球首位，成功创新了高速动车组和大功率交流传动机车等高端产品。尽管如此，我国在关键核心技术方面仍然受限，依赖外部技术较多，产品与发达国家在安全性、可维护性等方面存在差距。"十四五"规划指出，要满足客货运输需求，构建高效的运输体系，重点发展高速客运机车、重载货运列车、中低速磁悬浮车和新型城轨装

---

① 工业和信息化部网.《乘用车燃料消耗量限值》强制性国家标准发布 [EB/OL].（2021-02-23）[2024-01-08].https://www.gov.cn/xinwen/2021-02/23/content_5588420.htm.

② 周苏，王硕苹.创新思维与方法 [M].北京：中国铁道出版社，2016：42.

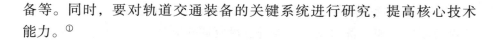

备等。同时，要对轨道交通装备的关键系统进行研究，提高核心技术能力。①

（六）民用飞机

"十一五"期间，中国民用飞机产业取得了显著进展。自主研发的ARJ21支线飞机进入试飞阶段，大型客机项目也进展顺利。中国已将此产业纳入国家战略性新兴产业，并有意向逐步开放低空空域，为航空装备产业提供巨大机遇。"十四五"规划明确了军民结合、科技为先、注重质量和改革创新的方针。我国计划加快大型飞机、支线飞机、直升机等的研制，并进行大型飞机关键技术研究。此外，我国将加速支线飞机的研制与产业化，研发新型支线飞机、高端公务机以及新型通用飞机。②

（七）民用航天

为进一步强化我国在航天领域的地位，"十四五"规划提出了三大策略方向：一是完善当前的运载火箭系列，并完成新一代火箭的研制和首次飞行，同时研发重型火箭及高推力发动机；二是强调月球探测和高分辨率观测系统的发展，旨在实现宇航产品的标准化与提高其可靠性，还要完善应用卫星系统和推进空间基础设施建设，以及将应用卫星从科研向商业服务的转型；三是规划提倡军民融合的技术发展，扩大航天产品的国际市场，特别是提升我国在国际卫星发射服务市场中的份额。③

（八）节能环保装备

为满足日益严峻的环保要求，"十四五"规划对节能环保装备制造业提出了新目标和战略：一是应大力发展高效节能技术及装备，如节能锅炉和电机等；二是环境保护领域内的大气、水和重金属污染治理，以及

---

① 王喜文. 中国制造2025解读：从工业大国到工业强国[M]. 北京：机械工业出版社，2015：42-43.

② 民航局网.《关于促进通用航空业发展的指导意见》解读一[EB/OL].（2023-12-25）[2023-12-25]. https://www.gov.cn/zhengce/2016-05/26/content_5076931.htm.

③ 张鑫. 2022—2027年中国卫星导航行业市场调研及未来发展趋势预测报告[R]. 北京：华经产业研究院，2021：115-117.

垃圾和有害废物处理等方面都需要加强装备研发和应用；三是加速生活垃圾处理技术和设备的发展，推进垃圾资源化利用技术；四是发展先进的环境和个人安全监控与防护设备，以及应急救援和净水救灾设备，以确保人民生活的安全与便利。

（九）能源装备

为了进一步调整能源结构，"十四五"规划提出了多方面的目标：一是积极采用超临界和其他高效发电技术，并提高水电装备的技术参数；二是推进特高压和智能电网关键技术设备研发；三是在全国范围内，继续努力掌握核电装备的核心技术，破解大规模储能技术瓶颈，促进风电和太阳能技术与设备的发展，并推动生物质能源和智能电网装备的研发和产业化。总体上，中国正在全面提高能源装备制造业的技术水平和产业链完整性。

第二节　数字化对先进制造业的推动

一、数字化浪潮为当代经济带来重要影响

（一）推动新型工业化

数字化浪潮被视为时代的标志，它涌动着无尽的可能性与潜力，这股浪潮在经济领域中产生的影响是深远的，尤其是在工业化进程中。事实上，数字化已然成为新型工业化的核心动力。技术在不断进步，每一个进步都意味着更多的机会和可能性。这些技术进步带来的不仅仅是新的工具和设备，更是新的思维方式和生产模式。例如：过去的工厂可能依赖人工进行重复的工作，但现在，自动化技术和数字化设备的应用已经让大部分的生产线实现了自动化，有效提高了生产效率。

不仅如此，数字技术还在各个方面为工业生产提供支持，无论是基础的自动化设备，还是高端的人工智能系统，都在为新型工业化提供强

大的技术支持。例如：通过数字化技术，人们可以实时监测生产线的运行状态，预测潜在的问题，并及时进行调整，这不仅提高了生产的稳定性，还保证了产品的质量。再从改善生态环境的角度出发，传统的工业生产方式可能会产生大量的污染，但现在，通过数字化技术，企业可以更加精准地控制生产过程，减少能源消耗和排放。例如：通过大数据分析，企业可以预测和优化生产过程，减少浪费，实现更加环保的生产。

（二）对制造业的深度融合

数字化浪潮如同一个巨大的磁场，吸引着制造业持续地深度融合。这种融合不仅是技术上的，更多的是思维方式和生产模式的融合。其中，制造业中的生产过程已经开始经历从传统模式到数字化的转型。这种转型意味着不再仅仅是机器人在生产线上替代人工，更多的是信息技术与生产技术的紧密结合。例如：通过传感器和物联网技术，人们可以实时收集生产线上的各种数据，如温度、湿度、压力等，并将这些数据发送到云端进行分析。这样就可以实时地了解生产线的运行状态，及时发现和解决问题，保证生产的连续性和稳定性。

与此同时，数据分析技术在供应链管理中也发挥着越来越重要的作用。通过对供应链中的各个环节的数据进行分析，人们可以更加精准地预测市场需求，调整生产策略，减少库存，降低成本。这不仅可以提高企业的响应速度，还可以帮助企业更好地满足市场的需求，增强其市场竞争力，而这无疑使得数字化技术推动制造业的个性化生产成为可能。过去，制造业更注重大规模、标准化的生产，但现在，随着消费者对个性化产品的需求越来越强烈，制造业开始向个性化生产转型。通过数字化技术，如3D打印、智能制造等，结合消费者的具体需求，快速、灵活地生产出符合其要求的产品，满足市场的多样化需求。不仅如此，数字化技术还为制造业的创新提供了新的机会和方向，以往制造业的创新集中在产品设计和生产工艺上，但现在，随着数字化技术的发展，制造业的创新领域已经扩展到了服务、商业模式等多个方面。

（三）关键技术和人才的需求正在不断增大

数字化转型已经成为制造业不可逆转的趋势。随之而来的，是对高水平数字化技术以及专业人才的追求,诸多企业正处在一个技术和人才并驾齐驱的发展时期。面对日益增长的市场竞争和复杂的生产环境,制造业迫切需要引入先进的数字技术,如物联网、大数据分析、人工智能等,以提高其生产效率、降低成本和满足市场的多样化需求。例如:通过物联网技术,可以实时收集并分析生产线上的数据,预测设备的维护需求,减少停机时间,提高生产效率;大数据分析技术则可以帮助企业更加精准地预测市场需求,调整生产策略,降低库存成本。

然而,引入这些先进技术并不是一蹴而就的,需要对现有的生产系统进行深度改造,引入新的硬件和软件,培训现有员工,甚至可能需要引入新的业务流程和管理模式。这就需要企业拥有高级的算法和云计算能力,以支持其转型。例如:云计算技术可以为企业提供弹性的计算资源,帮助其快速响应市场的变化,满足生产的需求。而高级算法,则可以帮助企业从海量的数据中挖掘出有价值的信息,为决策提供支持。需要注意的是,技术只是实现数字化转型的手段,真正的核心是人,当前对数字化人才的需求远远超过了供应。从数据分析师到算法工程师,从物联网专家到云计算架构师,企业面临着严重的人才短缺。这就要求企业不仅在招聘上下功夫,还应加大对现有员工的培训力度,帮助其快速掌握数字化技术,满足生产的需求。

二、数字经济逐渐在社会经济中占据重要地位

(一)数字技术在先进制造业的核心角色

现今的制造业正经历着一场由数字技术驱动的深刻变革,物联网、大数据分析、人工智能和深度学习等先进技术已成为驱动这一变革的重要力量。这些先进技术的广泛应用正在重塑制造业的面貌,带来了前所未有的机遇和挑战。

物联网技术将各种设备与互联网连接,让它们可以相互通信并收集数据。这种连接使得设备不再是孤立的,而是成为一个整体的组成部分。通过分析这些设备收集的数据,企业可以更加精准地了解设备的运行状态、预测维护需求、优化生产流程,从而降低停机时间,提高生产效率。

大数据分析为企业提供了强大的数据处理和分析能力,因为海量的

生产数据、市场数据和用户数据都可以被收集、存储和分析，帮助企业更加精准地预测市场需求，调整生产策略，提高产品的质量和竞争力。不仅如此，通过对数据的深度挖掘，企业可以发掘出新的业务机会，如新的市场、新的客户群体、新的产品设计等。

人工智能为制造业带来了更高层次的自动化和智能化，通过引入机器学习、深度学习等先进技术，企业可以实现产品的智能化设计、生产的智能化管理、市场的智能化分析等。例如：通过机器学习技术，生产线上的机器可以自我学习、自我调整，从而实现更高的生产效率。

深度学习技术为企业带来了许多机会，企业可以实现对市场和用户的深度分析，从而提供更加个性化、高质量的产品和服务。

正是这些数字技术的广泛应用，制造业实现了更高的自动化水平和生产效率，不再受制于传统的生产方式，可以更加灵活、迅速地响应市场的变化，满足市场的多样化需求。这种变革不仅为企业带来了巨大的经济效益，也为整个社会经济带来了巨大的推动力。

（二）数字经济助力企业降低成本与提升效益

随着社会进步和技术发展，数字经济正在逐渐成为经济发展的新引擎。对于制造业来说，数字技术为其带来了前所未有的机遇，特别是在降低成本和提升效益方面。在传统的生产模式下，监控和管理生产线常常需要大量的人力和时间，而且很难实时获得生产数据和信息。然而，数字技术的引入彻底改变了这一局面。现在，只需通过一些传感器和软件系统，企业就可以实时监控生产线上的每一个环节，从而实现生产的自动化和智能化。这不仅可以降低人工成本，还可以避免生产过程中的误操作和浪费，从而提高生产效率。

数字技术还为企业提供了强大的数据处理和分析能力。通过收集和分析生产数据、市场数据和用户数据，企业可以更加精准地预测市场需求、调整生产策略、优化产品设计等。这种基于数据的决策模式不仅可以降低企业的运营成本，还可以提高企业的市场竞争力，为企业提供了与消费者更加紧密的连接。例如：通过社交媒体、移动应用和在线平台，企业可以直接与消费者进行互动，收集他们的反馈和建议，从而更好地满足他们的需求。这不仅可以提升企业的品牌形象和用户忠诚度，还可以帮助企业更好地开发和推广新产品，从而增加企业的收入和利润。

（三）数字经济在国家经济中的显著位置

数字经济不仅仅是一种新的经济形态，更是当前全球经济增长的主要动力之一。数字技术的广泛应用已使数字经济在我国的经济结构中占据不可或缺的地位。与此同时，数字经济带动了许多新兴产业的发展，为国家经济增长提供了新的动力和机会。

在这个数字化快速发展的时代，数字经济已逐渐成为经济增长的关键部分。当谈论数字经济时，许多人可能会想到高科技公司、智能化生活和数字化的商业模式。但事实上，数字经济的涵盖范围远不止这些，它影响着国家的经济结构和发展方向。

数字经济在促进新兴产业的发展中发挥了关键作用，从移动支付、在线零售、远程办公到云计算、人工智能和物联网，新兴产业几乎都与数字技术密切相关，为经济增长注入了新的活力。例如：移动支付简化了交易流程，降低了交易成本；在线零售拓宽了市场边界，为消费者提供了更多选择；云计算和人工智能等技术为企业带来了新的业务模式和创新机会。通过数字化转型，企业能够更好地利用数据，优化生产流程，提高生产效率，从而降低成本、提高利润。在此基础上，运用数字技术还有助于打破传统行业的壁垒，促进行业间的融合与合作，为经济增长创造新的机会。更重要的是，数字经济不仅仅是数字化技术的应用，更是一种全新的经济模式和发展思维，在开放、创新、合作和共享的经济发展思维之下，各国经济发展的机会和视角也变得更加多样化。

三、推动制造业的转型升级

（一）技术革新带来的生产效率提升

随着数字技术、物联网、机器学习和人工智能等前沿技术的进步，制造业的生产方式、组织结构和业务模式都发生了深刻的变革，这也充分说明当代制造业正处于一个关键的转折点。其中，物联网技术能够帮助企业实时监控机器的运行状态和产品的生产过程，预测和避免潜在的故障，确保产品的一致性和质量。更为重要的是，物联网技术能够为企业提供关于生产流程中的瓶颈和效率低下的环节的详细信息，从而实现流程的持续优化。同样，机器学习和人工智能技术也在制造业中发挥了巨大的作用，这些技术可以帮助企业分析大量的生产数据，发现隐藏的模式和规律，从而为生产决策提供有价值的参考。例如：通过对过去的生产数据进行分析，企业可以更好地预测未来的生产需求，合理制订生产计划，确保生产线的平稳运行。

数字技术还为制造业提供了新的生产方法，其中数字化设计和仿真技术使企业可以在计算机上进行产品的设计和测试，大大缩短了产品开发的周期。3D打印技术则为企业提供了一种全新的生产方式，使得小批量、定制化生产成为可能。这些技术革新带来的生产效率提升，为制造业带来了巨大的经济效益。更短的生产周期意味着企业可以更快地将产品推向市场，从而满足消费者的需求；更高的生产效率意味着企业可以降低生产成本，提高利润率。同时，高质量的产品帮助企业在激烈的市场竞争中取得了竞争优势。需要注意的是，技术革新不仅仅是关于工具和方法的改进，它还为制造业带来了一种全新的思维方式。在这种思维方式下，制造业不再是简单地将原材料转化为产品的过程，而是一个集设计、生产、销售和服务于一体的整体系统，每一个环节都在不断地追求优化和创新，以实现产业的可持续发展。

（二）数据驱动下的精准决策与创新

数字化时代，数据已经成为制造业的重要资产。数字化转型不仅改变了制造业的生产方式，更为决策提供了前所未有的准确性和及时性。这种基于数据的决策方式为制造业带来了巨大的优势，从而推动其向更高效率和创新方向发展。数字化技术如传感器、物联网等工具使得在生产线上可以实时收集大量的数据，这些数据包括机器的运行状态、产品的质量、生产的效率等多方面的信息。通过对这些数据的分析，企业可以实时监控生产过程，及时发现并解决问题，从而确保生产质量。

而在市场方面，数据同样发挥着至关重要的作用。通过对消费者的购买数据、反馈数据、使用数据等信息的分析，企业可以更为精准地预测市场的需求和趋势。这不仅可以帮助企业优化生产计划，确保生产与市场的需求相匹配，还为产品的创新提供了有力的依据。基于这些数据，生产流程也得到了优化。例如：通过对生产数据的分析，企业可以找出生产过程中的瓶颈，然后进行调整，提高整体的生产效率。同样，通过对市场数据的分析，企业可以发现消费者的新需求，从而对产品进行改进或推出新的产品。在传统的制造业中，产品的创新往往基于直觉或经验。而在数字化时代，创新可以基于数据进行。通过对大量数据的深度分析，企业可以发现市场上尚未满足的需求，或者找出产品中可以改进的地方，从而为产品的创新提供明确的方向。

（三）提高供应链的灵活性和响应速度

在数字化时代，供应链管理正经历着前所未有的变革。数字化技术的应用，尤其是物联网、大数据分析和云计算，正在为供应链带来深刻的影响。这些技术的应用为供应链管理带来了更高的透明度、灵活性和响应速度，从而提高了整体的效率和客户满意度。供应链管理涉及从原材料的采购、生产、存储、物流到最终的销售和售后服务的全过程，过去由于信息的不对称和延迟，供应链往往存在效率低下、库存过多、响应迟缓等问题。但随着数字技术的应用，这些问题正在得到有效的解决。物联网技术可以实时收集供应链各个环节的数据，如通过在产品上安装传感器，实时监控产品的位置、状态和库存量。这不仅为生产和物流提供了实时的数据支持，还为市场销售和售后服务提供了有力的支撑。大数据分析可以对这些数据进行深入的分析，找出供应链中的问题和机会。例如：对销售数据和库存数据进行分析，可以预测市场的需求，从而进行更为精准的生产和库存管理。同样，对物流数据进行分析，可以优化物流路线和时间，从而提高物流效率和降低成本。云计算为供应链管理提供了强大的数据处理和存储能力，将数据存储在云端，可以实现数据的实时共享和协同处理。这不仅提高了数据的处理效率，还为供应链的协同管理提供了可能。基于这些技术的应用，供应链的灵活性和响应速度得到了显著提高。当市场出现变化时，企业可以快速调整生产和物流计划，从而确保产品及时、准确地到达市场。同时，当供应链中出现问题，如物料短缺或物流延迟时，企业可以及时发现并解决，从而确保供应链的顺畅运行。

四、促使产业链的相互协同

（一）提高生产流程的透明度

在当前的数字化时代，提高生产流程的透明度已成为制造业关注的重点。数据透明性是数字化时代的一大特征，为整个产业链的各个环节提供了前所未有的机会。其中，实时数据的共享起到了关键作用。实时的数据共享使得各生产环节能够了解其他环节的进度和状况，如原材料的采购部门可以知道生产部门的材料需求和使用情况，从而更为准确地进行原材料的采购和管理。同样，销售部门可以了解生产的进度，从而更为准确地预测产品的交付时间，并提供给客户。

当某一环节出现问题时，相关部门可以及时知悉，迅速做出相应的调整或补救措施。这种透明性为生产流程中的问题发现提供了便利，同时迅速的响应机制确保了生产流程的连续性和高效性，从而提高了整体的生产效率。数据透明性促进了企业与供应商和合作伙伴的紧密合作，供应商可以实时了解企业的材料需求和库存情况，从而进行更为精准的供应；合作伙伴可以了解企业的生产和销售情况，从而进行更为紧密的合作，这种紧密的合作关系为提高整体的产业链效率提供了支撑。

（二）创新的跨界合作模式

在数字化的大潮中，制造业的变革已不再局限于传统的生产模式，而是逐渐展望到与科技领域的深度融合。数字化技术的广泛应用打破了行业的界限，为制造业带来了新的合作机会。想象一下，传统制造企业有强大的生产线和丰富的行业经验，而科技公司拥有前沿的技术和创新能力。这两者结合起来，必然能够擦出火花。跨界合作模式就是这样的火花，它不仅提供了新的思路，还带来了创新的可能。其中，汽车制造与科技的结合就是一个典型的例子。智能驾驶技术的引入，使得驾驶变得更加智能化、更加安全。而这种技术的开发，需要汽车制造商和科技公司共同努力，如制造商提供车辆硬件和行业知识，科技公司提供技术支持和解决方案。这种合作模式使得智能驾驶技术得以迅速发展，为驾驶者带来了全新的驾驶体验。

不仅如此，跨界合作模式还为制造业带来了新的市场机会。与科技公司的合作，使得制造企业可以开发出与时俱进的产品，满足市场的新需求。例如：智能家居的发展，需要家电制造商和科技公司的共同努力，家电制造商提供硬件，科技公司则提供软件和解决方案。这种合作模式不仅为用户带来了便捷的生活体验，为制造企业开辟了新的市场。而且跨界合作模式的引入，为制造业带来了技术的进步。具体表现在于科技公司的技术支持，使得制造企业可以更加迅速地应对市场的变化，开发出更具竞争力的产品。这种技术的引入，不仅提高了产品的质量，还为制造业的持续发展提供了支撑。在跨界合作的过程中，制造企业和科技公司都可以从中受益。制造企业可以利用科技公司的技术，开发出更具竞争力的产品；科技公司可以利用制造企业的生产线和市场渠道，扩大自己的市场份额。这种合作模式为双方带来了共赢的机会。

（三）构建数字化的生态系统

数字化技术的普及和应用，正帮助人们构建一个协同的、高效的生态系统。在系统性的网络之中，每一个节点都是一个企业、供应商或技术提供商，这些节点通过数字技术紧密连接在一起，形成了一个巨大的、有机的整体。在这个系统中，每一个成员都可以实时获取到其他成员的数据和资源，实现真正意义上的资源共享。例如：供应商可以实时获取到企业的生产数据，提前进行生产准备，从而降低生产成本和提高生产效率；技术提供商可以根据企业的需求，为其提供较为合适的技术解决方案，帮助企业快速响应市场的变化。这样的合作关系不仅可以提高生产效率，还可以降低生产成本，使企业在市场上具有更大的竞争优势。

不仅如此，数字化的生态系统还可以帮助企业开辟新的市场和商机。在这个系统中，企业可以更容易地找到合作伙伴，共同开发新的产品和服务。例如：企业可以与技术提供商合作，开发出新的数字化产品，满足市场的新需求。这样的合作关系可以为企业带来新的收入来源，从而实现持续的业务增长。数字化的生态系统还为企业带来了技术上的进步，在这个系统中，企业可以更容易地获取到前沿的技术和知识，从而提高自己的技术水平。这种技术的提升，不仅可以为企业带来产品上的优势，还可以为其提供更强大的竞争力。由此可见，数字化的生态系统为企业带来了无数的机会和可能。在这个系统中，企业不仅可以实现资源的共享和合作，还可以开辟新的市场和商机。这种生态系统为整个产业带来了竞争力的提升，使产业能够在全球市场上取得可持续性的发展。

第三节　先进制造业的转型路径

一、先进制造业转型的内涵

先进制造业转型的内涵涉及制造业在当今数字时代的变革与重塑，是为了适应全球制造业发展的新趋势，满足消费者需求的多样性、个性化和高质量发展。数字化转型不仅仅是技术的应用，更是一种发展理念和战略定位的转变，代表了制造业从传统生产模式向智能化、网络化、服务化的方向发展。数字技术在制造业全流程、全领域的深度应用，带来了制造过程、产品研发、市场营销、供应链管理等方面的根本性变革。网络化研发使得跨地域、跨领域的技术研发变得更为便捷和高效，有助于更快地实现技术创新和产品升级。个性化定制满足了消费者对产品的个性化需求，实现了生产与消费的紧密结合。柔性化生产为制造业带来了高度的灵活性和适应性，使其能够快速响应市场变化，满足不同市场段的需求。

先进制造业集群的数字化转型不仅关乎技术的应用，更体现了制造业整体的创新与变革。新一代的信息技术如人工智能、大数据、物联网、云计算等在制造业中的应用，使得制造业进入一个全新的发展阶段。技术应用、平台打造、数据赋能等路径，有助于制造业从单一的生产者角色转变为生态系统中的核心参与者。平台的打造为制造业提供了更广泛的合作空间，打破了原有的产业边界，使得跨行业、跨领域的协同创新成为可能。数据的赋能使得制造业能够更加精准地把握市场需求，优化生产过程，提高生产效率。链式推动体现了制造业发展的连续性和整体性，使得整个产业链、供应链得到有效的优化和整合。也就是说，生态打造更是制造业数字化转型的核心。只有构建开放、协同、共赢的产业生态,才能够真正实现制造业的持续、健康、高质量发展。这种生态化的发展模式,不仅仅是单一企业的发展,更是整个产业、整个生态的共同发展。

二、先进制造业集群数字化转型的重大意义

制造业一直是支撑经济的主要部分,但随着全球化和技术进步,传统的制造方式已经不能满足现代社会的需求。数字化转型不仅是为了提高制造业的效率和准确性,更是为了适应不断变化的市场和消费者需求。通过集成数字技术,制造业可以实现更高的定制化、更快的生产速度和更高的灵活性。这种转型不仅改变了制造业的生产方式,也催生了众多新的业态和模式,如数字化设计、远程控制、智能化生产等。而中小企业在经济中起着不可或缺的作用,但由于资源、资金和技术的限制,它们在数字化转型中面临着巨大的挑战。中小企业的特点是灵活、快速和创新,但往往缺乏足够的资源和技术支持。推进数字化转型,不仅可以帮助中小企业解决技术和模式上的问题,还可以为它们提供更多的市场机会和竞争优势。通过技术创新、产品升级和模式变革,中小企业可以实现专精特新发展,更好地适应市场变化。

另外,供应链是制造业的生命线,任何环节的中断都可能导致整个生产系统的停顿。数字化转型可以为供应链带来更高的韧性和安全性,确保生产和供应不受外部因素的影响。通过数字技术,各个环节可以实现实时的信息共享和协同,提高生产的准确性和效率。同时,数字化转型可以帮助企业更好地预测市场需求,减少库存和物流成本。数字化转型不仅改变了制造业的内部生产方式,也促进了企业之间的协同和开放。通过数字技术,企业可以与供应商、客户和合作伙伴建立更紧密的联系,实现资源和信息的共享。这种协同化、开放化的发展方式,不仅可以提高生产的效率和准确性,还可以为企业带来更多的市场机会和竞争优势。每个地区都有其独特的资源和优势,数字化转型可以帮助企业更好地利用这些资源,实现高效的生产。通过数字技术,企业可以实时监控生产过程,确保资源的最大化利用,或者更好地与本地的供应商和合作伙伴建立联系,实现资源和信息的共享。

三、先进制造业集群数字化转型的路径

（一）推动集群创新的数字化赋能

在推动集群创新的过程中，数字化赋能不仅是技术层面的跃升，更是思维模式、组织结构和商业模型的创新。在此背景下，在构建先进制造业集群数字化转型道路过程中，实现推动集群创新的数字化赋能无疑是一项系统工程。采取的操作主要包括五个方面，下面进行具体介绍。

一是资源整合与配置。集群数字化转型过程中，资源的整合与高效配置至关重要，应利用先进的数字技术如云计算和大数据，进行供应链的实时监控和优化，确保资源得到最有效的利用；对集群内外的信息进行智能化处理和分析，以提供决策支持，使得资源配置更为精准、高效。二是交互协同与共创。数字化赋能的核心之一在于增强集群内部的协同合作，通过共享平台，不同的参与者能够实时交互，分享数据和知识，共同解决问题；鼓励集群内的各参与者开展多方位的合作，共同研发、生产和销售，实现集群的整体效益最大化。三是数据驱动的创新。数据已经成为推动创新的重要动力，对集群内的大数据进行深入挖掘和分析，可以发现潜在的市场需求、技术趋势和商业模式；基于数据的分析结果，可以对产品设计、生产工艺和市场策略进行优化，从而提高集群的竞争力。四是构建开放的创新生态系统。集群数字化转型的成功在于构建一个开放、协同、共赢的创新生态系统，这不仅需要集群内的参与者之间紧密合作，还需要与外部的伙伴、供应商、研发机构和政府部门建立良好的合作关系。只有这样，才能够确保集群的创新活动得到持续、高效的支持。五是技术融合与应用。集群数字化转型的核心技术包括物联网、大数据、边缘计算、5G、人工智能等。这些技术不仅仅是单一的应用，更是相互融合、协同发展。例如：物联网技术可以实现设备的实时监控和远程控制，大数据技术可以对收集到的数据进行分析，为决策提供支持。

（二）打通集群生产的数字化瓶颈

在集群生产中，数字化瓶颈可能源于多个环节。这包括数据的采集、

传输、存储和分析，生产线的自动化程度，工艺的优化，以及管理和决策的信息化水平。深入分析和识别这些瓶颈的根源是打通其障碍的前提。例如：是否存在实时数据采集的问题，是否有足够的计算和存储能力来支持数据的处理，生产线是否能够实现柔性生产来应对市场的快速变化，以及是否有合适的工具和方法来支持数据驱动的决策。为了有效地打破数字化瓶颈，有必要引入并采纳最新的技术解决方案，如引入先进的传感器技术来提高数据采集的准确性和实时性，利用边缘计算和云计算提供强大的数据处理能力，采用机器学习和人工智能技术优化生产工艺和提高生产效率，以及构建全面的数字化管理平台来提高决策的速度和准确性。这不仅需要技术的引入，还需要相应的人才培训和文化建设，确保技术得到有效的应用。

集群生产的数字化不仅仅是某一个环节的问题，而是需要在整个生产流程中实现深度的整合。这意味着从原材料的采购，到生产，再到产品的销售和服务，都需要实现数字化的无缝连接。例如：可以建立数字化的供应链管理系统，确保原材料的供应和生产的需求能够实时匹配；利用物联网技术监控生产线的状态，预测并防止可能的故障；构建数字化的销售和服务平台，实现与客户的实时互动和反馈。数字化转型是一个持续的过程，不可能一蹴而就。随着技术的进步和市场的变化，新的瓶颈和挑战总会出现。因此，要建立一个持续的优化和迭代的机制，确保数字化转型能够与时俱进，包括定期的技术评估和更新，生产和管理流程的优化，以及对市场和客户需求的敏感反应。只有这样，集群生产的数字化转型才能始终保持在前沿，从而应对未来的挑战。

（三）引导集群大中小企业数字协同

在实现集群内大中小企业之间的数字协同的过程中，需要构建一个开放的、基于互联网的数字平台，这个平台可以帮助企业实现数据的互通和共享，提供统一的数据交换和处理标准，确保数据的安全和隐私；或者提供各种工具和服务，帮助企业提高生产和管理效率，如供应链管理、生产计划和订单管理等。通过这种方式，集群内的各个企业都能够有效地利用和共享资源，实现真正的数字协同。大企业可能已经在数字化转型的道路上取得了一定的进展，但很多中小企业仍然处于起步阶段。

为了实现整个集群的数字协同，大企业需要帮助这些中小企业提高其数字化能力。例如：组织各种培训班和研讨会，帮助中小企业掌握数字化转型的关键技术和方法；提供专家咨询服务，帮助中小企业解决实际的问题；提供各种资金支持，帮助中小企业购买和部署必要的硬件和软件。

为了不断深化数字协同，先进制造业必须始终保持产业链上下游之间的数字连接。这意味着不仅仅是数据的交换和共享，在生产和管理的各个环节都要实现深度的数字整合。例如：通过数字平台实现原材料供应和生产需求的实时匹配；利用物联网技术监控和优化生产线的运行；构建数字化的销售和服务平台，实现与客户的实时互动和反馈。只有这样，集群内的所有企业才能够充分利用数字技术，实现效率的最大化。数字协同不是一次性的项目，而是需要长期的合作和努力。为了确保集群内的大中小企业都能够持续地进行数字协同，需要建立一个长期的合作机制，如签订合作协议、建立合作委员会，以及组织定期的交流和研讨会等。

（四）强化集群数字基础设施建设

为了支持先进制造业的数字转型，构建一个高效、稳定且具有高带宽的数字通信网络无疑是首要环节。这种网络应该支持大量的数据传输、实时通信和远程协作。通过部署 5G 或其他高速网络技术，生产线、仓库、办公室和其他关键地点之间能够实现无缝连接。此外，应考虑到网络的扩展性，确保未来能够满足更大的数据需求和连接更多的设备。随着数据量的持续增长，不断加强数据中心的建设和运营是关键中的关键。这不仅包括物理设施，如服务器、存储和冷却系统，还包括软件和服务，如数据管理、分析和安全保障。考虑到不同企业的不同需求，可以考虑构建混合云的解决方案，结合公有云和私有云的优势，为企业提供灵活、高效和安全的数据处理能力。

在这里，应通过物联网技术连接生产线上的各种设备，收集实时数据，实现远程监控和智能控制。为了实现这一目标，需要部署各种传感器、控制器和通信设备。这些设备可以帮助企业实时了解生产状态、预测故障和优化生产过程。必要时需要构建一个统一的物联网平台，整合各种数据源，提供统一的数据分析和处理能力。数字基础设施不仅要高效，还要安全和稳定。这意味着需要考虑到各种潜在的安全威胁，如黑客攻击、数据泄露和设备故障。为了确保安全，需要部署各种安全技术和方法，如防火墙、入侵检测系统和数据加密，还要制定并执行严格的安全政策，提高员工的安全意识和能力，确保数字基础设施的长期稳定运行。

（五）深化集群数据要素有效使用

在深化数据要素的使用中，数据质量和完整性是基础。高质量的数据可以为企业带来更准确的分析和决策，而不完整或错误的数据可能会导致错误的业务决策。因此，企业需要建立一套完善的数据采集、验证和清洗流程，确保数据的真实性、准确性和一致性。这种流程应该涵盖所有数据来源，包括生产线、仓库、销售和市场，确保整个产业链的数据完整性。拥有大量数据并不意味着已经充分利用了数据的价值，为了真正发挥数据的作用，需要对数据进行深入的分析和挖掘，发现隐藏的模式和关联。例如：可以应用各种数据分析方法和工具，如统计分析、机器学习和深度学习，找出数据中有价值的信息。这些信息可以帮助企业提高生产效率、降低成本、优化供应链和提高产品质量。

在集群中，数据的流通和共享是提高整体效率的关键，企业需要建立一个安全、高效且透明的数据流通和共享平台，确保各个环节都能够获取所需的数据。这个平台应该支持各种数据格式和来源，确保数据的无缝传输和整合。同时，要建立一套完善的数据权限管理和审计机制，确保数据的安全和合规。随着数据使用的深入，数据安全和隐私保护变得尤为重要，因此需要确保数据在存储、传输和处理过程中的安全，防止数据泄露、篡改和丢失。可以部署各种安全技术和方法，如数据加密、访问控制和备份恢复；要注重个人隐私的保护，确保在数据的使用过程中遵循相关法律和规定，不泄露或滥用个人数据。

第五章　现代服务业与先进制造业的协同机制

第一节　服务业与制造业的交互关系

一、在经济发展中具有互补性

（一）资源配置与优化

资源配置与优化是经济学中的核心概念，意味着各种资源——无论是物质资源、人力资源还是技术资源都被有效地用于生产与交换，使整体福利最大化，而服务业与制造业正是这一过程中的两个核心部分。服务业，尤其是现代服务业，为制造业提供了关键的支持。例如：高效的供应链管理服务确保制造业可以按时获得所需的原材料，而不必担心供应中断或价格波动；市场研究和品牌管理等服务帮助制造企业更好地了解市场需求，优化产品设计，从而更好地满足消费者需求。同样地，制造业的进步也为服务业带来了巨大的利益。随着制造业的技术进步，服务业得以利用更高效、更可靠的技术工具。例如：随着计算机和通信技术的进步，数据分析、远程协作等使服务变得更加高效。

进一步而言，服务业与制造业的互动不仅局限于直接的交易关系。在更宏观的层面上，服务业为制造业提供了知识、技能和创新，帮助制造业更好地适应变化的市场环境；制造业为服务业提供了硬件支持和生产能力，使得服务业能够更好地扩展其业务范围。但这并不意味着服务业与制造业之间的关系总是和谐的。有时,两者之间也存在竞争关系。例如:随着自动化和人工智能技术的进步,许多传统的服务职位可能会被机器取代。但总的来说,这种竞争关系也是经济发展的驱动力,促使两者不断创新和进步。

(二)市场拓展与创新驱动

在现代经济体系中,服务业与制造业的紧密结合反映出了市场拓展与创新驱动的核心理念。这两个行业之间的交互关系不仅表现在直接的业务合作上,更体现在它们如何共同推动经济发展的方式上。考虑到市场的全球化和消费者需求的多样性,制造业面临着不断的挑战。为了在激烈的市场竞争中立足,单纯依靠传统的生产方式是远远不够的。数字化技术为制造业提供了与消费者更直接、更高效的沟通方式,帮助其更准确地把握市场趋势和消费者需求。就当今时代大背景而言,创新始终被视为现代企业的生命线,服务业在这方面恰恰能够为制造业提供强大的支持。例如:数据分析服务可以帮助制造企业更精确地了解市场动态,识别潜在的商机或风险;设计服务可以为制造企业提供更具创意和吸引力的产品设计,从而更好地满足消费者的审美和功能需求。

不仅如此,服务业还为制造业提供了更多元的商业模式。例如:通过与金融、租赁等服务行业的合作,制造企业可以为客户提供更加灵活的购买、租赁或融资方案,从而吸引更多的客户。随着制造技术的进步,新的产品和技术不断涌现,这为服务业提供了更多的服务对象和服务内容。例如:随着智能制造、物联网等技术的发展,服务业在设备维护、系统集成、数据处理等方面有了更大的发展空间。考虑到全球经济的互联互通,制造业和服务业都面临着跨国经营的机会和挑战。这时,国际贸易、跨境电商、物流、金融等服务变得尤为关键。制造业可以依靠这些服务更好地进入外部市场,服务业可以通过与制造业的合作,拓展其业务范围,从而实现双赢。

(三)供应链整合与效率提升

在复杂的经济环境中,供应链的管理变得越来越重要。为满足消费者对产品和服务的日益增长的需求，制造业必须确保供应链的高效和稳定。此时，服务业的参与就成为供应链整合和效率提升的关键。为了保证生产的连续性和效率，制造业需要对供应链进行严格的监控和管理，这涉及供应商的选择、原材料的采购、产品的存储和分发等一系列环节。由于供应链的复杂性，单纯依靠制造企业自身的能力很难做到全面高效的管理，还需要依靠服务业的专业知识和技术。例如：供应链咨询服务可以为制造企业提供战略建议，帮助其确定更合适的供应商或更有效的物流方案；数据分析服务可以帮助制造企业更精确地预测市场需求，从而制订更精确的生产计划。

随着生产技术的发展，制造企业的设备和工具变得越来越复杂，保证这些设备和工具始终处于良好的状态，才能保证生产的顺利进行。而维修和维护服务正是服务业在这方面可以为制造业提供的关键支持。随着全球化的深入发展，制造业的供应链也变得越来越国际化。这就要求制造企业必须处理跨国的物流、关税、货币汇率等问题。这些问题的复杂性超出了制造企业自身的能力范围，因此需要依靠服务业的支持。例如：国际物流服务可以帮助制造企业更高效地进行跨国运输；金融服务可以为制造企业提供货币兑换或风险管理方案，以应对货币波动的风险。而在数字化和网络技术发展的时代大环境之中，供应链的管理越来越依赖信息技术。这时，IT 服务成为供应链整合和效率提升的又一关键，通过 IT 服务，制造企业可以实现供应链的数字化管理，从而提高工作效率。

二、彼此的相互促进与推动作用

（一）技术应用与服务创新

对于经济体系中的每一个环节，技术的进步都是不可或缺的推动力。正因如此，制造业与服务业之间的交互与依赖，使得技术进步和服务创新成为这两大领域共同发展的核心要素。制造业中的技术进步，如大数据、物联网、人工智能等，为服务业带来了新的思考与机会。例如：大数据技术的应用使得服务业能够更好地了解和分析用户需求，提供更加个性化和精准的服务；人工智能技术不仅在金融、医疗等传统服务领域发挥了巨大的作用，还催生了智能家居、虚拟助手等新型服务。

反过来，服务业的创新也为制造业带来了巨大的机遇。随着服务业对技术应用的深入探索，许多先进的技术解决方案被制造业所采纳。例如：远程诊疗、在线教育等服务模式的创新，使得相应的硬件产品如智能摄像头、VR 设备等得到了广泛的应用；智能家居服务的推广，促进了各种智能家电和家居设备的销售。服务业与制造业之间的交互关系，也为双方的技术研发和创新提供了更加广阔的平台。制造业可以利用服务业的数据和用户反馈，更加精准地进行技术研发，提高产品的竞争力；服务业则可以借鉴制造业中的先进技术，为用户提供更高效、便捷的服务。然而，这种互补性并不仅仅是技术层面的。在经济发展的过程中，制造业与服务业之间的交互关系，也使得双方在市场拓展、资源配置、人才培养等方面实现了彼此的相互促进与推动。例如：服务业的快速发展，为制造业提供了更多的市场机会；制造业的技术进步，又为服务业带来了更多的技术支持和合作机会。

（二）品质提升与价值创造

服务业与制造业之间存在着一种深刻的相互依赖和促进关系，这种关系在经济发展的各个阶段都有所体现，为双方带来了实实在在的商业机会。高品质的服务需要高品质的产品作为支撑。制造业生产精致、功能丰富的产品，不仅仅是为了满足消费者的日常需求，更是为了满足服务业对于高品质服务的追求。而这种追求，往往可以为服务业带来更高的价值。以酒店为例，一个五星级的酒店，其每一个细节都体现了对品质的追求，从床上用品到浴室设施，每一个细节都是精心选择的。而这些选择，往往与制造业有着紧密的联系。

服务业对于产品的反馈，也为制造业提供了极为宝贵的市场信息。服务业作为产品的终端用户，对产品的优点和不足有着最直接的体验。将这些体验转化为反馈，可以帮助制造业更加精准地调整生产策略，进一步优化产品设计，满足市场的需求。而且，服务业与制造业之间的合作，为双方创造了更多的商业机会。例如：制造业可以通过与服务业的深度合作，进入更广泛的市场，扩大销售渠道；服务业则可以通过引入制造业的高品质产品，提供更为卓越的服务，吸引更多的消费者。这种合作，使得双方都能够在经济发展中获得更大的利益。再从更为宏观的角度看，服务业与制造业之间的相互促进与推动，为整个经济体系带来了稳定的增长。例如：高品质的服务，可以吸引更多的消费者，促进消费；高品质的产品，则可以为服务业提供强大的支撑，进一步推动服务业的发展。这种相互作用，为整个经济体系带来了强大的增长动力。

（三）全球化趋势与市场拓展

全球化不仅代表着跨国贸易和投资的增长，还意味着知识、技术和创新在全球范围内的流动。在全球化大背景下，服务业与制造业之间的相互作用和依赖也随之加强。随着制造业进入全球市场，其产品和解决方案的多样性和复杂性也在增加。这为服务业创造了无数的机会，从为制造商提供跨国物流服务，到提供本地化的市场研究和营销策略，都离不开服务业的身影。这种互动不仅增强了双方的竞争力，而且使全球消费者的需求得到满足。同样，随着服务业进一步全球化，制造业也获得了进入新市场的机会。国际化的品牌和零售商通过其分布式的供应链模式，为制造商打开了新的市场，这使得制造商可以更广泛地销售其产品。由于文化和消费习惯的差异，制造商必须调整其产品，以满足不同市场的特定需求，这进一步推动了创新和多样化，从而提高了产品的竞争力。

金融服务是服务业的另一个重要领域，它与制造业的关系也变得越来越紧密。制造业需要资金来扩大生产、开发新产品或进入新市场，全球金融机构为其提供了资金，从而使其得以发展。而在全球范围内的投资和交易，也给金融服务业带来了巨大的收益和增长。物流和供应链管理也是服务业的核心部分，它在全球化的趋势下为制造业提供了巨大的支持。为满足全球客户的需求，制造商需要确保其产品能够及时、有效地到达目的地。服务业则为其提供了必要的支持，确保产品能够顺利地流向全球市场。而且随着技术的进步和知识经济的兴起，知识和技术服务成为全球经济的关键部分，制造业对于新技术和创新的需求日益增加，服务业则为其提供了所需的研发、设计和咨询服务，确保其在全球竞争中保持领先地位。

三、能够促进彼此的转型与升级

（一）市场需求的演变

随着全球化和技术的进步，市场的需求在不断地演变，不仅仅是对产品的物理特性的需求，还包括对服务、品质和价值的需求。制造业，为了满足日益增长的市场需求，必须对其产品和生产方式进行持续的创新，过去那种基于规模和数量的生产模式已经难以满足现代消费者的需求，需要更加关注产品的设计、质量、环保、可持续性等方面。这就要求制造业进行转型，从传统的生产模式转向更加灵活、创新和绿色的生产方式。服务业也面临着类似的挑战，不再仅仅是提供基础的服务，而是要为客户创造价值、提供解决方案。这就要求服务业对其服务模式进行升级，从提供简单的服务转向提供综合解决方案。例如：传统的物流服务可能仅仅是提供运输，但现在可能需要提供库存管理、供应链优化等更加综合的服务。

这种市场需求的演变为制造业和服务业提供了无数的合作机会，制造业在进行产品创新时，可能需要服务业提供的设计、研发、营销等服务；服务业在为客户提供解决方案时，也可能需要制造业提供高质量、个性化的产品。这种相互依赖和合作关系使得两者能够互相推动、互相升级。例如：在智能手机市场中，不仅仅是手机的硬件和性能成为竞争的焦点，还包括操作系统、应用程序、云服务等软件和服务。制造商为了提供更好的用户体验，需要与软件和服务提供商合作，共同为消费者创造价值。又如：在汽车市场中，随着电动汽车和自动驾驶技术的发展，汽车不再仅仅是一个交通工具，而是一个移动的智能终端。制造商为了提供更好的驾驶体验，需要与技术公司、能源公司、交通管理部门等合作，共同为驾驶者和乘客创造价值。这种基于市场需求的演变，使得制造业和服务业之间的交互关系变得更加紧密。双方都意识到，只有不断合作、互相推动，才能满足消费者的需求，实现自身的转型和升级。这种合作不仅仅是在产品和服务的层面，还包括技术、资金、人才、市场等各个方面。

（二）技术创新的驱动

数字时代的到来改变了传统的经济格局。技术不仅仅是推动生产和服务的工具，更是塑造经济结构的核心动力。制造业和服务业，作为经济的两大支柱，在这一过程中展现出深度的交互和相互促进。对于制造业而言，技术创新为生产流程带来了革命性的变革，以前那种劳动密集、效率低下的生产方式逐渐被自动化、智能化的生产线取代。物联网技术使得设备间的通信成为可能，从而实现生产过程的实时监控和优化；人工智能和机器学习则为生产决策提供了数据支持，使得生产更加精确和高效。然而，仅仅拥有高效的生产能力并不足以满足现代消费者的需求。现代的消费者不仅仅关注产品的质量和价格，更加关注产品的附加值，如使用体验、品牌价值等。这就要求制造业与服务业深度合作，共同为消费者创造价值。

服务业，受益于技术创新，也正在经历深度转型。大数据技术使得服务提供者可以深入了解消费者的需求和喜好，从而为其提供更加个性化的服务；虚拟现实技术为消费者提供了全新的体验方式，如虚拟试衣、虚拟旅游等；云计算为服务提供了无限的扩展空间，使得消费者可以随时随地享受服务。这种基于技术的服务提供方式为制造业带来了无数的机会。制造业可以与服务业合作，共同开发和提供基于技术的新产品和服务，如智能家居、在线健康管理等。这种合作不仅仅是在产品的研发和销售阶段，还可以延伸到产品的使用和维护阶段，如远程监控、在线维护等。反之，服务业可以从制造业中获得技术支持。制造业的技术创新为服务业提供了更加高效和先进的工具，如智能硬件、传感器等。这种技术支持使得服务业可以更加深入地为消费者提供服务，如提供健康监测服务、资产管理服务等。

（三）全球化背景下的竞争策略

面对全球市场的广阔机会与日益激烈的竞争，制造业和服务业均需调整其竞争策略，以应对多变的市场环境。在这一过程中，两者之间的交互关系日益凸显。制造业在全球范围内寻求最优的生产要素和市场机会，因为高质量的产品不再只是简单地生产出来，更多的是如何将产品与服务相结合,为消费者提供更大的价值。例如:一台智能手机的价值不仅仅在于它的硬件性能,更在于它能为用户提供的各种服务,如支付、社交、娱乐等。这就需要服务业与制造业深度合作,共同为消费者创造价值。在全球化的背景下,服务业也面临着同样的挑战和机遇。为了满足全球市场的需求,服务业需要不断创新,提供更加先进和个性化的服务。而这种服务创新往往需要制造业的技术支持。例如:金融服务领域的大数据分析和算法优化往往需要强大的计算能力和存储设备,这就需要与制造业合作,共同为消费者提供更好的服务。

除此之外,全球化的竞争环境也为制造业和服务业带来了更大的合作空间。制造业可以利用服务业的全球网络,快速进入新的市场;服务业则可以借助制造业的技术和产品,为消费者提供更加先进的服务。例如:跨国的零售巨头往往与各地的制造商合作,共同开发和销售产品;全球的互联网公司则与各地的硬件厂商合作,共同为消费者提供硬件+软件的解决方案。而在转型与升级的过程中,制造业和服务业的合作关系也在不断加深。制造业在转型中更加注重与服务业的融合,如智能制造、服务化制造等;服务业在升级中更加注重与制造业的合作,如工业互联网、智能服务等。这种融合与合作不仅体现在产品和服务的层面,还体现在技术、资本、人才等各个方面。

四、能够推动知识与技术的相互交流

(一)提高创新能力与竞争力

对于经济发展而言,知识与技术的交流不仅是提升竞争力的必要条件,更是促进创新的关键因素。在这一过程中,服务业与制造业之间的交互关系尤为显著。服务业涉及诸多领域,如金融、咨询、教育、医疗等,这些领域积累了大量的数据、知识和经验,是驱动创新的宝贵资源。将这些资源与制造业相结合,可以为制造业带来新的生产方法、管理方法以及市场策略。例如:数据分析技术可以帮助制造业更准确地预测市场需求,从而提高生产效率和市场反应速度。制造业拥有丰富的生产技术、工艺和经验,这些资源在与服务业结合时,可以为服务业带来更加先进和高效的服务方式。例如：制造业中的自动化和机器人技术可以被应用到物流和配送服务中，提高服务的速度和准确性。

在知识与技术交流的过程中，服务业与制造业能够吸取对方的长处，从而推动自身的创新与进步。这不仅仅是技术上的交流，更多的是管理方法、市场策略以及文化观念的碰撞与融合。这种交流使得双方都能够更好地应对市场的变化，提高自身的竞争力。需要注意的是，服务业与制造业之间的这种交互关系还可以推动双方在全球范围内的合作与竞争。例如：制造业可以利用服务业的全球网络，快速进入新的市场；服务业则可以利用制造业的产品和技术，提供更加优质的服务给全球消费者。这种交互关系显然有助于促进区域内的经济合作，随着技术和知识的交流，区域内的制造业和服务业可以形成更加紧密的产业链，共同应对外部竞争，实现区域内的经济增长。

（二）加速技术的迭代与升级

技术的迭代与升级是经济发展的核心动力之一，服务业与制造业在这一过程中相互影响，为技术进步提供了宝贵的资源和经验。这种交互关系在当今经济环境中尤为显著，为各方带来了前所未有的机遇。服务业，包括但不限于金融、咨询、医疗和信息技术，对新技术的需求较为强烈。例如：金融机构需要先进的数据分析工具来进行风险评估；医疗机构则需要较新的医疗器械来提高治疗效果。这些需求驱动服务业不断寻找和采纳新的技术。与此同时，制造业为了提高生产效率和产品质量，正在不断地探索和引进新技术。例如：制造业可能会采用新的生产线自动化技术，或者利用人工智能进行生产过程的优化。

在这种背景下，服务业与制造业之间的知识与技术交流成为一种常态。服务业可以为制造业提供先进的数据分析、市场调研和管理咨询服务，帮助其更好地理解市场需求和趋势；制造业则可以为服务业提供高质量的硬件支持，如先进的计算机设备和通信工具。此种交流还进一步促进了跨行业的合作，如信息技术公司可能与制造商合作，共同开发新的智能硬件产品；制造商也可能与金融机构合作，共同开发新的供应链融资模式。技术的迭代与升级不仅仅是一种技术上的进步，更多的是一种商业模式和思维方式的创新。服务业与制造业之间的交流为双方提供了一个共同探索新技术、新方法的平台，使得技术的迭代与升级变得更加快速和高效。

（三）促进跨行业的合作与融合

在当前知识经济的背景下，跨行业的合作与融合已成为经济发展的一大趋势，这也为服务业与制造业的紧密结合打开了新的路径，更为经济的全球化与数字化带来了新的动力。服务业的各个细分领域，如金融、教育、医疗、娱乐、物流等，都在与制造业进行着深度的交互。例如：物流公司为制造商提供先进的运输与仓储解决方案，而制造商为物流公司提供高效的装备与设施。

为应对日益增长的市场需求，金融机构为制造企业提供流动资金、供应链金融等服务，这些服务不仅帮助制造企业优化资金流，还能加速技术升级与市场拓展，因此金融服务的提供者与制造企业展现出强烈的合作意向。随着制造业中的智能制造与工业 4.0 等的发展，服务业，特别是信息技术服务，为制造业带来了数字化、网络化以及自动化等技术创新。从消费者的角度看，跨行业的合作与融合还能提供更加完整的消费体验。例如：制造商与服务商共同为消费者提供一站式的解决方案，如购买汽车时提供金融租赁服务，购买电器时提供售后维修与保养服务。需要注意的是，对于经济发展来说，跨行业的合作与融合带来的最大价值是创新。制造业与服务业的交互关系为双方提供了更广阔的知识平台，促进了新技术、新方法、新模式的产生。这不仅可以满足日益增长的市场需求，还能为经济带来更为持久与稳定的增长动力。

第二节　协同的理论基础

一、协同理论

协同作为一个独特的概念，在现代社会和科学研究中占据着越来越重要的地位。作为协同理论的创立者，赫尔曼·哈肯（Hermann Haken）对此进行了深入而独特的阐述。协同，从其本质上讲，是多个子系统之间非线性的协调同步行为，这种行为不仅仅是简单的合作，更是多个子系统之间相互作用和影响的结果。哈肯的观点是，协同是一种深层次的现象，它并不仅仅限于某一特定的领域或子系统，而是普遍存在于不同的子系统之间。[①] 在哈肯的著作《协同学导论》中，这一概念被进一步阐述和展开。通过对不同系统之间的相互作用进行研究，哈肯揭示了协同现象背后的深层次机制和原理。在复杂的系统中，不同的子系统往往具有各自的特点和行为模式，但当这些子系统开始相互作用和影响时，它们之间就会产生一种非线性的协同效应。这种效应会导致整个系统产生一些全新的特征和行为模式，这些特征和行为模式在原来的子系统中是不存在的。换句话说，通过协同，整个系统能够产生一种超越单一子系统的新的特征和能力。这种观点为现代科学研究提供了一个全新的视角。在传统的研究方法中，学者往往只关注某一个特定的子系统，而忽略了子系统之间的相互作用和影响。而哈肯的协同理论则强调，只有深入地研究子系统之间的协同效应，才能真正理解复杂系统的本质。哈肯进一步指出，协同不仅仅是一个科学概念，它在实际的社会和经济生活中也有着广泛的应用。在现代社会中，无论是企业、政府还是个人，都需要与其他实体进行合作和协同，从而更有效地整合资源，实现共同的目标。

协同理论的核心观点突破了传统的线性系统观念，为理解复杂系统中的互动行为提供了一个独特的框架。在此框架下，"两原理一效应"不仅解释了复杂系统的基本运作机制，还揭示了如何从中获得超出预期的效益。

伺服原理其实是在讨论系统内部如何处理变化和不确定性。当系统处于平稳状态时，一些变量的变动可能会导致系统失去平衡。这种变动的变量被称为慢变量，它们在系统中起到关键的作用，因为它们的微小变动可能会引发系统的显著变化。相反，当系统失去平稳状态时，某些变量会努力使系统恢复到平衡，这些变量被称为快变量，它们起到稳定系统的作用，减少了系统因慢变量的变化而产生的波动。这种区分为理解复杂系统的稳定性和动态性提供了有力的工具。

自组织原理进一步强调了系统的自适应能力。具体而言，在许多复杂系统中，尤其是生命系统中，组件不需要外部指导就可以组织成有意

---

① 哈肯.高等协同学 [M].北京：科学出版社，1989：18-19.

义和有功能的结构。这种能力不仅体现在生物进化过程中，也存在于社会、经济和技术系统中。自组织原理意味着系统内部的互动和反馈可以产生意料之外的结构和功能，而不需要外部的干预或控制。

协同效应真正的重点是如何使各子系统的相互作用和协作产生出预期之外的结果。这种"1+1>2"的效应是一种集体的、协同的力量。在各种系统中，无论是生态系统中的生物相互作用，还是经济系统中的企业合作，或是全球化背景下的国家互动，都可以观察到这种超出预期的效果。这种效应强调了子系统间相互依赖和合作的价值，而不仅仅是单一组件的独立功能。

协同理论的"两原理一效应"为研究和设计更高效、更有韧性的系统提供了指导，了解慢变量和快变量的作用，可以更好地设计和管理系统，确保其稳定性和适应性；鼓励和促进子系统之间的合作和协同，可以释放出系统的潜在能量，实现更大的共同目标。

二、社会分工理论

社会分工作为一种经济和社会组织的基础结构，在历史的进程中逐渐取代了简单的自然分工。这一转变对生产力和经济效率带来了巨大的影响，为现代经济学提供了重要的研究视角。其中，亚当·斯密（Adam Smith）的贡献不可忽视，他对"分工"的内涵进行了深入且独到的分析。《国富论》是亚当·斯密最为人称道的作品[①]，他在书中通过详细的实证研究展示了分工对生产效率的巨大促进作用。具体实例如下：对比两组工人在生产扣针的效率，其中一组没有进行任何分工，另一组进行了分工。结果令人震惊：分工后的生产效率不仅有所增长，而且增幅达到了240倍。这不仅仅是一个数字的提升，更是对传统生产方式的颠覆性挑战。那么，分工为什么会如此显著地提高生产效率呢？亚当·斯密认为其中有三个原因。

其一，劳动者的专业化。当一个劳动者只专注一种工作，他的技能和经验将会在这个领域中迅速积累。与此同时，由于不再需要关注其他不相关的任务，他的注意力和精力都能完全集中在自己的专业领域上。

---

① 任保平.论亚当·斯密《国富论》的方法论基础与特征[J].经济评论，2003（2）：81-84.

这种长期的专业化和熟练，无疑会使得劳动者的工作效率得到极大的提高。其二，时间的节省。在没有分工的情况下，劳动者需要不断地切换任务和工作状态，这不仅会消耗他的体力，还会分散他的注意力。而在分工后，每个人只做一种工作，不再频繁地转换任务，这种状态的稳定性意味着劳动者可以在更短的时间内完成更多的工作。其三，技术进步和机械化生产的推动。分工促使人们发明了很多简化劳动的工具和机器，这些机器大大减少了对人力的需求，让一个人可以完成过去需要很多人才能完成的工作。例如：一个机械化的生产线上，借助先进的机器和设备，劳动者的生产效率会得到极大的提升。从一定程度上说，分工不仅仅改变了生产的方式，也为社会的进步和经济的繁荣作出了巨大的贡献，它使得资源的利用更加合理，劳动力的效率更高，产品的质量和数量也得到了提升。

三、交易成本理论

交易成本理论在现代经济学中占据了不可或缺的地位，尤其在企业组织和契约关系的领域，对交易成本的深入研究和理解有助于企业更有效地进行决策、管理资源和组织生产活动。交易成本，如其名所示，涉及与交易活动相关的所有费用。每一次交易，从最初的信息搜寻到最终的合约执行，都会伴随着一系列成本的产生。[1] 在交易活动的前期，企业需要付出大量时间和精力来考察合作方的资质，以确保合作方具备合作所需的条件和能力。这一阶段所产生的成本，即为搜寻成本。确定了合作方之后，双方需要进行一系列的谈判和协商活动，以达成共同的合作意向，这种协商活动往往需要各种谈判技巧和策略，以及对合同条款和条件的深入了解。这一过程中产生的成本，被称为谈判成本。达成协议之后，双方还需要签署正式的合同，这一环节所产生的成本则被称为签约成本。

而在交易的后期，合约的执行和履行过程也会产生一系列的成本。例如：监督合作方是否按照合约规定履行，确保合同的各项条款都能得到有效的执行。这种监督活动所产生的成本，被称为监督成本。如果合

---

[1] 王志明，顾海英.家族企业治理的经济学分析：从科斯的交易成本理论说起 [J].价格理论与实践，2003（9）：60-61.

作方违反了合约的某些条款，可能需要通过法律途径来解决纠纷，这时所产生的成本则被称为违约成本。威廉姆森（Williamson）对交易成本理论[①]进行了深入的发展和完善，他认为交易成本不仅仅是单一的成本，而是一个多元化的、层次化的概念，并将交易成本分为事前的交易成本和事后的交易成本。事前的交易成本包括搜寻、谈判和签约等活动所产生的成本，事后的交易成本则包括合约的执行、监督和适应等环节所产生的成本。他本人还认为，知识和信息的不对称是交易成本产生的重要原因，在很多情况下，交易双方所掌握的信息并不均衡，这种信息的不对称可能导致交易的失败或者不公平。但需要注意的是，虽然交易成本是不可避免的，但企业可以通过各种方法来降低这些成本，从而提高其利润空间。例如：通过建立长期的合作关系、采用现代化的信息技术和管理手段、制定合理的合同条款等方式，都可以有效地降低交易成本。

四、价值链理论

价值链理论为现代企业经营管理提供了全新的视角，强调了在商业过程中创造价值的重要性。有学者将企业中的各种活动形象地描述为一个连续的链条，这个链条从最初的原材料采购到最终的产品销售和售后服务，每一个环节都在为最终产品的价值服务。[②] 基于这个理论，每一项活动都能被细分并分类为基本活动和辅助活动。基本活动是与产品直接相关的核心过程，包括从产品设计、研发、生产、营销到销售和售后服务的整个生命周期。这些活动形成了产品的核心价值，直接影响到产品的竞争力和市场定位。例如：生产环节不仅仅需要关注生产速度和效率，更要生产出满足市场需求、高品质的产品；销售环节不仅仅需要有一套完善的销售渠道和团队，更要对市场进行深入的研究，确保产品能够满足不同消费者的需求；售后服务环节要确保消费者在购买产品后能够得到良好的使用体验和问题解决，以此建立长期的客户关系。辅助活动则为这些基本活动提供了必要的支撑，包括企业的内部管理、人力资

---

① 郭红梅.对威廉姆森交易费用理论的研究综述：行为假设和交易性质方面[J].思想战线，2011（增刊1）：86-88.

② 韩沚河，王洪谟.基于现代价值链理论的成本控制[J].中国农业会计，2005（2）：20-22.

源、技术研发、采购、财务等环节，如图 5-1 所示。这些活动虽然与产品的制造和销售无关，但它们对企业的整体运营起到了至关重要的作用。例如：高效的采购策略可以降低原材料成本，优秀的人力资源管理能够保证企业吸引和留住人才，而先进的技术研发则可以使产品在市场上保持领先地位。在价值链理论中，各个活动环节并不是孤立的，而是相互关联、相互影响的。为了实现企业的战略目标，各环节需要紧密协作，形成一个有机的整体。因此，企业在进行决策时，需要全面考虑价值链上的各个环节，确保每一个决策都能够为整体价值的提升作出贡献。

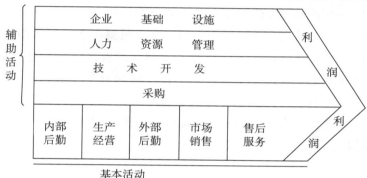

图 5-1　辅助活动的各个环节

在现代经济环境中，企业的价值链管理是关键，它涉及的各个环节不仅直接影响产品的价值，还关系到企业的整体竞争力。本书将企业的生产过程划分为上游、中游、下游三大环节，提供对于企业运营的细致解读，以及如何更有效地进行管理和创造价值的策略。

上游环节是企业价值链的初级阶段，涉及研发设计、技术培训等活动。在这个阶段，创新是关键，因为它决定了产品的基本框架和市场定位。研发设计的目标是确保产品满足市场的需求，同时在技术上有所突破。技术培训则确保企业的人力资源具备必要的技能和知识，以推动研发进程。

中游环节是价值链的中心部分，涉及加工制造、组装和库存等关键过程。虽然这一阶段的利润空间相对较小，但其效率和稳定性对企业的整体运营至关重要。一个稳健的制造和组装过程确保了产品的质量和交货期的准确性。而高效的库存管理则可以降低存储成本，确保产品在需要时随时可用。中游环节的优化可以为下游环节提供有力的支持，同时减少浪费、降低成本。

下游环节是价值链的终端阶段，涉及市场销售和售后服务。在这个环节，与消费者的直接互动成为焦点。一个有效的市场策略可以确保产品达到目标客户，而高质量的售后服务则可以维护和增强客户关系，确保长期的客户忠诚度。由于直接与收入相关，下游环节是否成功对企业盈利至关重要。

微笑曲线是描述这三个环节利润空间的经典模型，它揭示了在上、下游环节中的高附加价值和相对较大的利润空间，与中游环节相对较低的利润空间形成对比，如图 5-2 所示。这一洞察对于企业战略制定者提供了有价值的指导——在上、下游环节加大投资，以获得更高的回报。为了保持和增强企业的竞争地位，不仅要确保每个环节的效率和效果，还要加强各环节之间的协同作用。通过对三个环节的深入了解和管理，确保各环节之间的流畅衔接，企业能够更好地满足市场需求，提供高质量的产品和服务，并实现最大的盈利。

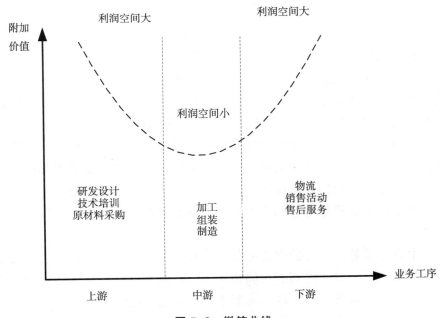

图 5-2　微笑曲线

第三节　协同的目标和任务

一、现代服务业与先进制造业协同的目标

（一）深化新一代信息技术促进制造业和服务业融合

协同的目标旨在实现制造业与服务业的真正整合，使得双方能够更好地发挥各自的优势，为社会和经济带来更大的价值。新一代信息技术，如人工智能、工业互联网、5G、大数据等，为制造业与服务业的协同提供了有力的技术支撑。借助这些技术，制造业和服务业能够实现信息流、资金流和物流的无缝对接，从而提高整体的效率和响应速度。例如：借助工业互联网平台，制造业与服务业可以共享资源和信息，共同研发新的产品和服务，实现真正的深度合作。

其间，区块链技术在保障数据安全和提高数据传输效率方面有着巨大的潜力。通过长安链底层平台和区块链专用加速芯片，可以为各种场景提供适配的区块链解决方案，从而确保数据在协同过程中的真实性和安全性。同时，"北斗+"和"+北斗"的集成应用，进一步提高了位置服务的准确性和可靠性，为制造业与服务业的协同带来了更多的可能性。在这一过程中，制造业可以得到更多的市场信息和消费者反馈，及时调整生产策略，满足市场的实际需求；服务业则可以更好地利用制造业的技术和资源，为消费者提供更加优质的服务。

（二）提升高端装备与服务业的融合水平

提升高端装备与服务业的融合水平已逐渐成为制造业发展的新趋势。为了跟随全球经济的步伐，融合成为追求卓越和优化资源配置的关键途径。通过融合，高端装备与服务业能够更好地相互补充，发挥各自的优势，实现更高的效率和价值。目前，高端装备的发展趋势向智能化、高端化方向迈进，所以通过软硬一体、智能制造的方式，不仅可以提高生

产效率，还能优化产品质量，满足市场的高端需求。与此同时，服务业增值能力的提高为高端装备的应用提供了更为广泛的空间。例如：智能终端、航空航天、轨道交通等领域的融合，可以打破传统制造业的边界，创造更为广泛的市场应用。

为了进一步提升这种融合水平，各种措施都要提上议程，如智能产线、智能工厂的建设，这不仅可以实现生产流程的自动化，还能通过数据分析实时监测生产过程，确保产品的质量稳定。同时，柔性化生产、网络化协同等方式，使得生产过程更为灵活，可以根据市场需求进行快速调整，确保市场供需平衡。要深刻意识到服务化延伸、数字化管理的作用，为高端装备与服务业的融合提供有力支撑。在现代服务业与先进制造业的协同发展道路中，通过服务业务的延伸，高端装备制造企业可以为客户提供更为全面的服务，如协同设计制造、预测性维护等。这不仅可以满足客户的个性化需求，还能为企业带来更为持久的合作关系。与此同时，数字化管理也使得生产、销售、维护等各个环节更为透明，为企业的决策提供了准确的数据支持。

（三）推进新能源和节能环保与相关产业绿色融合

在经济的发展进程中，新能源、节能环保与相关产业的绿色融合已成为当下的发展重点。面对全球环境变化与能源危机的双重压力，寻求各产业之间的绿色融合，将为经济的可持续发展提供强大的支撑。从相互协同的角度看，新能源与节能环保在与相关产业的绿色融合中，不仅可以共享资源、优化配置，还可以实现技术、资金、市场等各方面的协同创新；电力能源服务的新型商业运营模式，可以为能源的智慧化管理提供创新思路，实现资源的高效利用，降低能源成本，同时提高能源的利用率；京津冀燃料电池汽车示范城市群的建设，可以促进绿色氢能的全场景示范应用，这不仅可以推动新能源汽车产业的快速发展，还可以带动绿色氢能产业的壮大，形成产业链上下游的深度融合，为经济的绿色转型提供强大的技术与市场支撑。

智慧化节能环保综合服务的发展，可以实现"监、治、控"的全过程一体化智能管控，这种管控模式可以为环保产业提供精细化、智能化

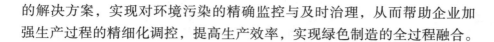

的解决方案，实现对环境污染的精确监控与及时治理，从而帮助企业加强生产过程的精细化调控，提高生产效率，实现绿色制造的全过程融合。

（四）释放消费领域服务与制造融合潜力

释放消费领域服务与制造融合潜力，无疑是应对日益增长的消费需求和变革的市场格局的必要手段。在这样的背景下，消费驱动已经成为许多企业转型的核心策略，而制造和服务的深度融合则为这种转型提供了强有力的支撑，将该支撑作用充分发挥出来自然成为现代服务业与先进制造业相协同的一项重要目标。其中，支持企业构建消费驱动型组织模式，意味着从消费者的需求出发，更加注重市场调查和产品研发。个性化定制和柔性化生产的推广，不仅可以满足消费者对于独特性的追求，还能够使得生产更加高效，降低存货风险。

随着新型终端和智慧家居的发展，制造业与服务业的融合更加便利。例如：通过构建"产品＋内容＋生态"的全链式智能生态服务，消费者不仅可以购买到质量上乘的产品，还能够享受到与之匹配的内容和服务。这种模式不仅可以增加消费者的黏性，还能够为企业带来更为丰厚的利润。又如：文化旅游等服务企业通过委托制造、品牌授权等方式向制造环节拓展，为传统的制造业注入了新的活力。这种方式不仅可以使得制造企业得到更多的订单，还能够帮助服务企业降低成本，实现双赢。体验式消费需求的兴起，更为新型智能终端的开发和应用带来了巨大的机遇。当前的消费者更加注重体验，因此智能终端的功能和设计就显得尤为重要。通过与服务的深度融合，智能终端不仅可以提供出色的使用体验，还能够为消费者提供更为丰富的内容和服务。

二、现代服务业与先进制造业协同的任务

（一）加快原材料工业和服务业融合的步伐

在经济发展的进程中，原材料工业和服务业的融合成为提高产业附加值和推动产业升级的重要手段。而从相互协同所提出的任务角度来看，

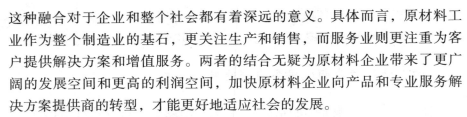

这种融合对于企业和整个社会都有着深远的意义。具体而言，原材料工业作为整个制造业的基石，更关注生产和销售，而服务业则更注重为客户提供解决方案和增值服务。两者的结合无疑为原材料企业带来了更广阔的发展空间和更高的利润空间，加快原材料企业向产品和专业服务解决方案提供商的转型，才能更好地适应社会的发展。

原材料工业中的许多企业在产品的研发上有着深厚的积累，但在市场竞争中，仅仅依靠技术的进步已经难以为继。因此，加强早期研发介入合作、提供定向开发服务、缩短产品研发周期成为这些企业转型的关键步骤。这种转型不仅可以提高企业的竞争力，还能够为客户提供更为优质和精准的服务；同时，鼓励有条件的企业提供社会化能源管理、安全环保、信息化等服务，可以为原材料工业打开一个崭新的市场。在当前的环境保护和能源管理的大背景下，这些服务不仅可以帮助客户提高效率，还能够为整个社会带来实实在在的益处。还有一点不可否认，钢铁、水泥等原材料工业中的重点企业在技术、资金、人才等方面存在优势，因此在废弃物协同处置、资源循环利用、污水处理、热力供应等服务上有着得天独厚的条件，推动这些企业发展相关服务，不仅可以帮助它们实现产业升级，还能够带来更大的经济效益和社会效益。

（二）推动消费品工业和服务业的深度融合

在当下的经济背景下，消费品工业和服务业的深度融合已经不再是一种选择，而是一种必要。正是这种深度融合，推动了消费品工业的服务化升级，让服务业更好地满足消费者的多样化需求。在诸多具体表现中，注重差异化、品质化、绿色化的消费需求是较明显、较真实的表现。如今，人们不再满足于单一、质量低下的产品，而是追求与众不同、品质上乘、环保无害的产品，这种转变不仅仅体现在产品的选择上，更体现在服务的选择上。因此，推动消费品工业服务化升级，就是要满足这种转变后的消费需求，让每一个消费者都能找到合适的产品和服务。以服装、家居为例，现在的消费者更加注重服装和家居的个性化定制。无论是衣服的款式、颜色，还是家居的布局、装饰，都可以根据消费者的个人喜好来定制，这种定制不仅仅满足了消费者的个性需求，也大大提高了消费者的购买意愿和满意度。

另外，智能手机、家电、新型终端等产品也成为消费品工业和服务业深度融合的重点。目前，人们不再满足于单纯的产品，而是追求"产品＋内容＋生态"的全链式智能生态服务，这种服务不仅仅体现在产品的功能上，更体现在产品与内容、生态的融合上。这样，消费者不仅仅可以享受到高质量的产品，还可以享受到与之相关的内容和生态，从而大大提高消费体验。家电、消费电子等产品的更新速度非常快，每年都有大量的新产品问世。这就导致大量的废旧产品被丢弃，造成了资源浪费和环境污染。为了解决这个问题，需要落实生产者责任延伸制度，健全废旧产品回收拆解体系，有效地利用废旧产品的资源，减少对环境的污染。

（三）提升装备制造业和服务业的融合水平

在经济全球化的浪潮下，装备制造业作为国家的重要支柱产业，面临着越来越多的挑战。对此，寻找新的增长点和提高自身的竞争力成为紧迫的任务。与此同时，服务业作为新的经济增长点，在为装备制造业提供的支持与服务的过程中，其作用越来越显著。因此，提升装备制造业和服务业的融合水平，已经成为现代经济发展中的一项重要任务。面对新的发展机遇和挑战，装备制造企业需要从传统的制造型企业转型为系统集成和整体解决方案提供商，以满足客户更为复杂的需求，为企业自身带来更多的增长点。

市场化兼并重组是提高装备制造业和服务业融合水平的另一重要途径，市场化兼并重组有利于整合资源，避免重复建设，降低生产成本，提高生产效率。同时，市场化兼并重组可以培育具有总承包能力的大型综合性装备企业，从而满足大型项目的需要，提高竞争力。高端工业软件的发展也是提高融合水平的关键，通过发展辅助设计、系统仿真、智能控制等高端工业软件，可以提高装备制造业的设计、生产、检测等各个环节的效率，降低生产成本，提高产品质量。此外，可以建设铸造、锻造、表面处理、热处理等基础工艺中心，为装备制造企业提供更为先进、高效的生产技术支持；利用国内市场的资源优势，加快重大技术装备创新，突破关键核心技术，提高融合水平，为国家的经济发展作出更大的贡献。

（四）深化制造业服务业和互联网的融合发展

在当下的数字化时代，互联网正成为制造业和服务业发展的核心驱动力。制造业、服务业与互联网的融合不仅是一种趋势，更是对于制造业、服务业持续创新、提高效率、满足客户需求的必然选择。因此，深化制造业、服务业与互联网的融合发展已经上升为一个重要的战略任务。其中，"互联网+"的发展策略是深化这三者融合的核心。这不仅是一种技术革命，更是一种业态革命。通过互联网技术，制造业和服务业可以更好地连接客户，提供更加个性化的服务，实现供应链的优化，从而提高企业的核心竞争力。同时，互联网技术为制造业和服务业提供了数据支撑，使其能够更好地进行决策、优化流程、提高效率。而工业机理建模、数字孪生、信息物理系统等关键技术是深化融合的技术基础。这些技术不仅为制造业提供了数字化、智能化的工具，还为服务业提供了更加精准、高效的服务方式。例如：通过数字孪生技术，制造业可以实时监控生产过程，预测设备故障，实现预防性维护，从而大大提高生产效率和产品质量。

未来要将工业互联网的创新发展策略作为完成该战略任务的关键，因为工业互联网不仅连接了设备、系统和人员，还为企业提供了数据、算法和应用，使其能够实现生产、运营、服务的数字化、智能化。标识解析、安全保障体系的构建是工业互联网发展的基础，能够确保数据的安全、稳定、高效流动，而面向重点行业和区域的工业互联网平台则为企业提供了数字化转型的工具和支撑。在此基础上，明确数字化转型是实现深度融合的重要手段。通过数字化转型，企业可以实现生产、运营、服务的自动化、智能化，从而实现深度优化和智能决策。

第四节　协同的效率效应与风险分析

一、数据共享与协同创新

（一）效率效应

在数据驱动的时代，市场洞察得以更加深入和细致。数据共享允许现代服务业与先进制造业获取前所未有的市场信息，从而为企业提供更为精确的决策依据。例如：消费者的购买习惯、搜索偏好以及行为模式等数据，都可以为产品开发和市场营销提供宝贵的参考。协同创新意味着两个或多个领域的结合，产生出前所未有的创新成果。数据共享可以为现代服务业与先进制造业提供共同的创新平台，通过数据的相互交流，双方可以深入了解各自领域的最新进展和需求，从而为合作创新提供有力的支撑。

数据共享不仅提供了对市场的深入了解，而且可以提高资源利用效率。先进制造业可以通过数据分析预测产品需求，从而更精确地规划生产，减少资源浪费；现代服务业，如金融、医疗等，可以通过数据分析更精确地为客户提供服务，从而提高服务的质量与效率。不可否认的是，在数字经济的背景下，快速做出决策变得尤为重要。数据共享使得企业可以在短时间内获得大量的市场信息，这有助于加快决策过程。对于制造业，这意味着可以更快速地调整生产策略，以适应市场变化；对于服务业，如电商、旅游等，这意味着其可以更快速地调整销售策略，以满足消费者的需求。在激烈的市场竞争中，能够准确把握市场动态的企业往往具有更大的竞争优势，数据共享为现代服务业与先进制造业提供了这一竞争优势。通过实时的数据分析，企业可以更加敏捷地应对市场变化，从而在竞争中占得先机，且数据共享允许现代服务业与先进制造业更加深入地了解客户的需求和偏好，通过对这些数据的分析，企业可以提供更加符合客户期望的产品和服务，从而增强客户体验。

（二）风险

随着数据共享的增多，数据安全问题日益凸显。无论是技术原因还是人为因素，数据可能在传输过程中被截获、篡改或泄露。对于任何一个企业，尤其是依赖数据驱动的企业，这种数据泄露可能导致重大的经济损失，不利于品牌形象的建立。尽管数据共享有助于协同创新，但也存在数据被滥用的风险，如使用数据进行不正当竞争或者销售给第三方。这种非法或不当的数据使用，不仅损害了客户的权益，还可能导致企业承担重大法律责任。

由于不同国家和地区对数据的管理和保护有着不同的法律和规定，所以在跨国或跨地区的数据共享中，如何确保数据共享的合规性和避免触犯相关法规成为一大挑战。随着技术的快速迭代，数据格式、标准或平台的不兼容问题可能会出现，这不仅增加了数据集成的难度，也可能导致数据的丢失或错误。而且，当外部数据源发生中断或变动时，企业的决策可能会受到很大影响，这也说明过度依赖外部数据可能导致企业在战略决策上失去主动权。在数据共享和协同创新的过程中，不是所有共享的数据都是真实和准确的，如何确保数据的真实性和准确性，避免基于错误数据做出错误的决策，是一个企业需要认真对待的问题。

二、跨界合作与行业壁垒

（一）效率效应

现代服务业与先进制造业的结合可以满足消费者多个方面的需求，从而增加消费者的满意度和忠诚度，且跨界合作促使双方在技术和知识上进行交流和分享，这种交流和分享为创新提供了强大的驱动力。例如：教育行业与智能硬件合作，可以推动教育技术的创新，提供更加智能化、个性化的教学方法；医疗行业与生物技术结合，可以共享研究数据和设备，加速医疗技术的发展。

跨界合作使得双方可以进入对方的市场领域，从而实现市场的拓展。例如：金融行业进入制造业，不仅可以提供财务服务，还可以为制造业的产品提供金融方案，如分期付款等，增加产品的销售。数字经济背景下的跨界合作更有助于降低行业壁垒，使得行业之间的合作变得更加便捷。跨界合作可以提高双方的竞争力，通过合作，双方可以共享技术和知识，提高自身的核心竞争力；还可以降低风险，提高生产效率，因为一个新的技术或产品在市场上可能存在风险，可以通过双方的资源和能力来降低这种风险。

（二）风险

跨界合作涉及的双方可能源自完全不同的行业背景，每个行业都有其独特的企业文化和管理理念，因此合作双方可能会面临理念碰撞，这种碰撞可能导致合作进程中的不和谐，影响合作效果。在跨界合作中，资源如何分配、利润如何分成可能成为敏感和棘手的问题。如果不能达成一致，可能会导致合作关系的破裂或合作效果不佳。涉及技术合作时，还可能会遇到技术集成的困难，现代服务业与先进制造业进行跨界合作时，会涉及大量的数据交换，如何确保这些数据的隐私和安全，避免数据泄露或被不当使用，是双方必须重视的问题。

跨界合作可能涉及多个行业的监管标准和要求，满足所有相关行业的监管要求可能变得更加复杂和困难。而且，跨界合作也可能导致市场定位变得模糊，双方可能需要重新思考如何在市场中定位自己，以及如何避免与现有的或潜在的竞争对手发生直接冲突。跨界合作不仅仅是一次性的项目合作，更可能涉及长期的战略合作。如何确保合作的长期性和稳定性，避免由于市场或策略的变化导致合作关系的中断，是双方需要面对的挑战。

三、技术赋能与持续投入

（一）效率效应

在数字经济背景下，技术的应用不仅提高了生产和服务的效率，还为现代服务业与先进制造业提供了显著的竞争优势。数字技术的应用，如大数据分析、人工智能和虚拟现实等，为提高用户体验提供了可能性。例如：通过数据分析，企业可以深入了解用户的需求和喜好，从而为其提供更加个性化、贴心的服务；虚拟现实技术可以为用户提供沉浸式的购物、娱乐体验，增强用户的满意度和黏性。

技术赋能可以提高现代服务业与先进制造业的运营效率。例如：云计算技术可以为企业提供弹性、高效的计算资源，支持业务的快速发展；物联网技术可以实现设备的远程监控和管理，降低运营成本。技术的持续投入为现代服务业与先进制造业提供了发掘新的业务模式的可能性。例如：区块链技术可以为金融、供应链等领域提供去中心化、透明、安全的解决方案；5G 技术可以为物联网、远程医疗、自动驾驶等领域提供高速、低延迟的网络支持。虽然技术的持续投入需要大量的资金和人力，但从长远来看，这种投入将为企业带来持续的回报。随着技术的进步，企业可以持续提高生产和服务的质量，拓展市场份额，实现持续的利润增长。例如：数据技术可以为制造业提供精准的市场需求预测，从而实现生产的精细化管理；先进制造技术可以为服务业提供高质量、高性价比的硬件支持。

（二）风险

在数字经济的大背景下，技术选择众多，每种技术都有其优劣。选择不当可能导致技术并不适合企业的实际需求，从而引发投资浪费或者需要重新投资进行技术更新。此外，技术的引进要求企业进行一系列的技术适应和人员培训，增加了初期的成本与时间消耗。过度依赖某一技术可能导致企业在某种程度上被这一技术所束缚，失去了技术创新和灵活应对市场变化的能力。一旦这项技术被其他更先进的技术所取代，企业就面临被市场淘汰的风险。技术赋能意味着大量的数据生成与流转，如何确保数据的安全，避免数据泄露或被不当使用，是每个企业必须面对的问题。

技术的更新换代速度非常快，为了保持竞争力，企业可能需要不断地更新技术，这就意味着需要持续的资金投入。而在某些情况下，新技术的投入并不能带来预期的回报，这从一定程度上增加了企业的经营风险。在现代服务业与先进制造业的协同中，技术的整合与兼容性成为一大挑战。如何确保不同技术之间的无缝连接，提供流畅的用户体验，是技术赋能中不可忽视的部分。技术的引进和应用需要相应的人才支撑，

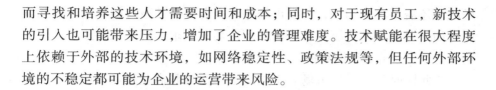

而寻找和培养这些人才需要时间和成本；同时，对于现有员工，新技术的引入也可能带来压力，增加了企业的管理难度。技术赋能在很大程度上依赖于外部的技术环境，如网络稳定性、政策法规等，但任何外部环境的不稳定都可能为企业的运营带来风险。

四、市场扩展与文化碰撞

（一）效率效应

随着现代服务业与先进制造业的协同，企业可以准确地定位到各种细分市场，从而提供更加贴合消费者需求的产品和服务。例如：制造业基于用户数据，能够针对特定消费人群进行生产，满足其特定需求；服务业可以为这些特定用户群体提供更加专业和高效的服务，随着市场的拓展，企业可以吸引更多的客户，从而增加销售额和利润。

众所周知，文化碰撞是创新的源泉，不同文化背景的团队成员可以为项目带来多样的视角和创意，从而实现产品和服务的持续创新。例如：国际化的团队可以为企业带来全球化的市场视野，帮助其制定更为合理的市场策略；市场的扩展和文化碰撞可以帮助企业塑造国际化的品牌形象，从而吸引更多的国际客户；国际化的品牌形象不仅可以提高企业的市场竞争力，还可以为其带来更为广泛的合作机会。总之，市场的多元化可以为企业提供更为广泛的业务平台，从而降低单一市场带来的风险，当某一个市场受到冲击时，企业依然可以依靠其他市场来维持业务的稳定运营。

（二）风险

进入新市场或与新的合作伙伴协同工作时，企业很可能会遇到与原有市场或团队有所不同的工作和管理理念，这些理念的不同可能导致沟通障碍，影响合作效率。而且，由于不同的市场有其独特的文化背景，对于企业来说，如何调整管理策略，使其适应新市场的文化环境，是一个需要解决的问题。在不同的市场，企业可能需要塑造不同的品牌形象，如何确保这些形象之间的一致性，避免品牌混淆，是市场扩展中需要考虑的。还需要注意的是，每个市场的消费者都有其独特的消费习惯和偏好，如何调整产品或服务，以满足新市场的需求，同时保持原有市场的竞争力，是企业必须面对的挑战。

与此同时，不同的市场有不同的法律法规和商业环境，如何确保在新市场的经营活动合规，避免法律风险，是每个进入新市场的企业必须面对的问题。进入新市场时，企业必须对该市场的文化背景有所了解，避免在市场推广或产品设计中出现文化敏感的内容，否则可能会引发消费者的反感或抵制。市场扩展意味着资源的重新配置，如何确保资源在新旧市场之间的合理分配，避免资源浪费，提高资源使用效率，也是企业需要考虑的。而且，新市场可能需要新的人才和技能，如何找到合适的人才，对其进行培训，确保其能够适应新市场的工作环境，是企业不能忽视的另一个问题。

第五节　协同的关键成功因素

一、数据与技术整合

（一）智能化数据分析

数字经济背景下，现代服务业与先进制造业的协同发展正在经历一场由数据驱动的革命，而在这个变革中，智能化数据分析显得尤为关键。智能化数据分析是指利用先进的算法和技术对大量数据进行处理、解读和应用，以推动业务决策和操作的最优化。数据是现代企业的生命线，从物联网设备收集的传感器数据，到消费者在社交媒体上的行为数据，再到供应链中的实时物流数据，都为企业提供了前所未有的深入洞察。但是，数据的真正价值并不在于其数量，而在于如何利用这些数据来帮助企业实现更好的结果。

通过智能化数据分析，企业能够获得多维度的视角。例如：对消费者行为的深入了解可以帮助服务业更精确地定位其目标受众，提供更为个性化的服务，从而增强消费者满意度和忠诚度；先进制造业可以通过分析生产线上的数据，实时监控设备状态，预测潜在的故障，从而大大提高生产效率，降低停机时间和维护成本。智能化数据分析的核心在于其能够为企业提供预测性洞察，因为传统的数据分析通常是回顾性的，即在事件发生后进行分析，但通过人工智能和机器学习技术，企业当下就可以预测未来可能发生的情况。这种预测能力为企业提供了一个巨大的竞争优势，因为它允许企业更加迅速地应对市场的变化，以及预先调整其策略来满足未来的需求。然而，为了真正利用智能化数据分析的优势，企业需要确保数据的质量和完整性，因此建立和维护一个高质量的数据基础设施是至关重要的。同时，考虑到数据安全和隐私问题，企业需要确保数据的安全性，以及在分析和使用数据时遵循相关的法律和道德规范。

（二）云端与边缘计算的结合

随着数字经济的兴起与发展，特别是在现代服务业与先进制造业的协同背景下，数据和技术的整合要更为紧密和高效。其中，云端与边缘计算的结合是整合过程中不可或缺的一部分。边缘计算是一种分布式计算范式，其核心思想是将计算任务从数据中心移到网络的边缘，即数据产生的地方。这样做的好处显而易见：减少了数据传输的延迟，提高了应用程序的响应速度，降低了网络带宽的使用。例如：在先进制造业中，机器设备可能需要实时响应各种传感器的数据，边缘计算可以在设备附近的服务器上立即处理这些数据，从而实现快速响应。

与此同时，云计算提供了一种集中式的数据存储和处理方式，企业不需要投资建设和维护自己的数据中心，只需依赖云服务提供商，就可以轻松地存储、备份、分析和共享数据。在现代服务业中，这种方式可以支持各种业务应用，如电商、金融、医疗等，实现跨地域、跨平台的数据交互和服务提供。结合边缘计算和云计算的优势，企业可以实现数据的最优处理和存储。例如：当数据在边缘设备上生成时，可以先进行初步的分析和筛选，将有价值的数据上传到云端进行深度分析和长期存储，无用的数据则可以在本地删除，以节省带宽和存储成本。

（三）开放式技术架构

开放式技术架构不仅是技术上的转变，还代表了对企业信息系统和业务流程的一种新的思考方式。在数字经济的背景下，尤其是在现代服务业与先进制造业协同发展的背景下，开放式技术架构成为一个关键的要素，可以推动双方更紧密、更高效地工作。数字化时代的竞争在许多情况下并不仅仅基于单一企业的能力，而更依赖一个生态系统。这个生态系统中的每一个参与者都需要轻松、快速地与其他参与者交互并分享数据和资源，开放式技术架构凭借其标准化的数据交换格式和接口，确保了这种交互的流畅性。

一方面，在现代服务业中，如金融、健康、教育等领域，服务提供者需要不断地整合各种新的技术和服务来满足客户的需求。例如：金融服务提供者可能需要与多个支付系统、风险评估工具或者其他金融机构进行交互。开放式技术架构可以确保这些服务能够轻松地被整合到一个统一的平台上，提供给客户一站式的服务体验。另一方面，先进制造业同样受益于开放式技术架构。制造业的生产过程通常涉及多个部门和供应商，这些部门和供应商都需要共享关键的生产数据。通过开放式技术架构，这些数据可以轻松地在不同的系统之间传递，确保生产能够顺畅进行。更为重要的是，开放式技术架构为企业提供了更大的灵活性。随着技术和市场环境的快速变化，企业需要快速地调整自己的技术策略，以适应新的挑战和机遇。

二、业务模式创新

（一）个性化和按需服务

在数字经济背景下，数据和技术的发展不仅带动了企业技术的革新，还引领了全新的业务模式。如今，消费者不再满足于统一、标准化的产品和服务，有了更为丰富的选择，人们期望得到的不仅仅是一个产品或服务，而是一个能够满足其特定需求和喜好的解决方案。这种趋势在现代服务业中表现得尤为明显，如在健康、教育和娱乐等领域。

为了满足这种需求，现代服务业和先进制造业必须进行业务模式的创新。其中，如何利用现有的技术，如大数据和人工智能来实现个性化需求的服务供给是核心。大数据技术可以帮助企业收集和分析消费者的行为数据，包括他们的购买历史、在线行为、社交媒体互动等。这些数据可以为企业提供有关消费者偏好和需求的宝贵信息。例如：一个在线零售商可以根据消费者的购物历史和浏览行为，为其推荐最可能感兴趣的产品。人工智能技术，尤其是机器学习，可以帮助企业从大量的数据中识别模式和趋势，这不仅可以帮助企业更准确地预测消费者的需求，还可以实时地为消费者提供个性化的推荐和服务。除了技术的支持，个性化需求服务的供给还需要企业内部进行组织和流程的调整，包括建立一个灵活的供应链，能够根据消费者的需求快速地调整生产策略；建立一个高效的客户服务团队，能够为消费者提供实时的支持和咨询；建立一个开放的技术平台，能够与第三方的技术和服务提供者进行无缝整合。

（二）平台化业务模式

在数字经济的浪潮下，平台化业务模式呈现出越来越大的吸引力。这种模式通过构建数字化的中介平台，连接多个需求方和供应方，从而使得交易更为便捷、资源的配置更为高效。平台化业务模式较为核心的价值在于其网络效应，当平台上的用户数量增加时，该平台对其他用户的吸引力也会相应增强。例如：一个拥有大量供应商的在线市场对于买家来说具有很大的吸引力，因为它可以为买家提供更多的选择。而当买家的数量增加时，更多的供应商也会被吸引到该平台上，从而形成正反馈循环。

对于现代服务业和先进制造业而言，平台化业务模式提供了一个全新的视角和机会。这种模式不仅仅可以连接买家和卖家，更可以连接所有的利益相关者，如供应链伙伴、技术提供者、金融机构等。通过整合这些资源，企业可以为客户提供更为完善和高效的服务。以先进制造业为例，一个制造企业可以通过建立数字化平台，将其供应链伙伴、技术提供者、物流公司等都纳入这个生态系统中。这样一来，客户在下单时可以实现完全的自动化，从原料采购、生产、物流到最终的销售，都可以在这个平台上得到协同和优化。对于现代服务业来说，平台化业务模式同样具有巨大的潜力。例如：一个在线教育平台可以将教育内容提供

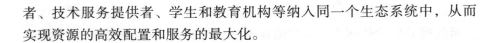

者、技术服务提供者、学生和教育机构等纳入同一个生态系统中,从而实现资源的高效配置和服务的最大化。

(三)持续的学习和迭代

在数字经济的背景下,数据是企业的生命线,客户的每一次点击、每一次交易,甚至每一次浏览都会产生有价值的数据。这些数据不仅仅是简单的数字,更是市场的脉搏和趋势的反映。因此,对这些数据的收集、分析和利用变得尤为重要。持续的学习和迭代不仅仅是技术和产品层面的,更是企业文化和策略的核心。在这个背景下,企业应认识到每一个业务模式、每一个产品都可能是暂时的,市场的需求、技术的进步、竞争对手的策略都可能导致当前的业务模式和产品过时。因此,企业应该持续地对其业务模式进行学习和迭代,以适应这种快速变化的环境。

其中,客户的反馈是较有价值的数据来源之一,客户的需求、喜好、痛点都可以从他们的反馈中获取。企业应该建立一套系统的机制,收集和分析这些反馈,并将这些反馈信息转化为产品和服务的改进方法。这种改进不应该是一次性的,而是持续性的。只有这样,企业才能确保其产品和服务始终满足客户的需求,始终保持竞争优势。除了客户的反馈,企业还应该关注市场的整体趋势,包括技术的发展趋势、行业的竞争态势、政策法规的变化等。因此,企业应该持续地进行市场研究,了解市场的动态,并据此调整业务模式和策略。例如:通过对销售数据的分析,企业可以发现哪些产品最受欢迎,哪些最有市场潜力,这些信息对于产品开发、市场策略的制定非常有价值。

三、文化与组织协同

(一)共同的价值观和使命感

数字经济时代,企业间的合作与协同变得更为复杂和多元,现代服务业与先进制造业在此背景下的协同发展,更需要深入的文化和组织的整合。这种整合并非仅仅是资源和技术的结合,更关键的是内在的文化价值和使命感的一致性。只有双方都有相同的核心信念和追求,才能真正实现深入的协同和共同成长。

价值观是指企业对于其存在意义和对社会的责任所持有的信念，这些信念影响企业的决策和行为，是企业文化的核心。如果两个企业有共同的价值观，它们在协同时就能够更快地达成共识，更容易实现深度的合作。例如：如果两个企业都认为技术创新是核心竞争力，那么它们在合作时就会更注重分享技术资源，以共同研发新产品。

使命感是企业对于其长远目标的追求，它代表了企业希望实现的社会价值和对客户的承诺。如果两个企业有共同的使命感，它们在合作时就更容易设定相同的目标，更容易形成合力，共同推进项目。例如：如果两个企业都想为客户提供环保、可持续的解决方案，那么它们在合作时就会更注重资源整合，以共同开发绿色产品。

在数字经济背景下，数据、技术和市场环境都在快速变化，企业需要更为灵活和快速地响应市场变化，适应新的挑战。拥有共同的价值观和使命感为企业提供了稳固的基石，帮助企业在变化中保持方向，确保协同的深度和效果，同时帮助企业更好地吸引和留住人才，以提高团队的整体效能。

（二）开放和透明的沟通

数字经济时代的特点是信息量巨大，在这样的背景下，现代服务业与先进制造业的协同发展更加依赖有效的沟通。开放和透明的沟通机制不仅可以提高工作效率，还可以帮助企业适应变化，实现真正的合作。

开放的沟通意味着团队成员能够毫无保留地分享自己的想法和意见，而不必担心被批评或误解。这种沟通环境可以激发团队的创意和创新，帮助团队找到最佳的解决方案。例如：在开发一个新产品时，如果设计团队和生产团队能够开放地分享自己的观点和挑战，那么产品的设计和制造过程就会更加顺畅，也更有可能满足客户的需求。

透明的沟通意味着团队成员能够清楚地了解项目的整体进展，这种透明度可以帮助团队及时调整策略，避免重复努力，同时可以增强团队的凝聚力。

在数字经济背景下，信息技术为开放和透明的沟通提供了强大的支持。例如：通过在线协作工具，团队成员可以实时分享文件、讨论问题，确保信息的及时和准确传递。同时，数据分析技术可以帮助团队更好地了解客户的需求，提供更有针对性的服务。但是，仅仅依赖技术是不够的，真正的开放和透明的沟通还需要文化的支持。这意味着企业需要培养一种鼓励分享、尊重不同意见的文化。在这样的文化中，团队成员不仅仅是执行者，更是参与者，他们能够为项目的成功作出贡献，同时从中不断成长，从而获得满足感。

（三）灵活的组织结构

数字经济时代，市场的变化日新月异，消费者的需求多变而且难以预测。在这种环境下，固守传统的、层次分明的组织结构可能会使企业失去竞争力。相反，灵活的组织结构更有助于企业快速响应市场变化，捕捉新的机遇。平坦化的管理结构是灵活组织结构的一种体现，传统的、分层次的管理结构可能导致决策迟缓，使信息流通受阻。而平坦化的管理结构可以使信息流通更加畅通，使决策更加迅速。

除了管理结构的平坦化，资源配置的优化也是实现灵活组织结构的关键。在数字经济时代，资源的配置不仅仅是物资和人力资源，还包括数据、技术和知识，企业需要考虑如何有效地配置这些资源，以支持其业务目标。这可能意味着调整部门的职责，打破传统的部门界限，建立跨部门的项目团队。跨部门的项目团队是实现真正协同的关键，因为在传统的组织结构中，部门之间可能存在竞争和冲突，导致资源的浪费和效率的降低；跨部门的项目团队可以打破这种障碍，促进部门之间的合作。例如：产品设计团队、生产团队和销售团队可以组成一个项目团队，共同开发和推广一个新产品。这种协同工作方式可以确保产品的质量和市场的接受度，同时可以提高工作效率。

四、持续学习与适应

（一）技术和知识的迭代更新

对于任何企业来说，保持技术和知识的领先地位都是非常关键的，这不仅可以帮助企业更好地满足客户的需求，还可以增强企业的市场竞争力。但是，随着技术和知识的迅速迭代，企业面临着巨大的挑战。一方面，新的技术和知识可能会导致企业现有的技术和知识过时；另一方面，新的技术和知识可能会带来新的机会和挑战，需要企业进行适应和调整。为了应对这些挑战，企业需要建立一套系统的学习和适应机制，包括对新技术的研究和引入，对员工的培训和教育，以及对市场和客户需求的持续跟踪。

对于新技术的引入和应用，企业需要建立一个研究和评估机制，以及时了解新技术的发展趋势，评估新技术的适用性和价值，并及时将新技术引入企业的业务中。此外，企业还需要与外部的研究机构和技术提供商建立合作关系，以获取最新的技术信息和支持。对于员工的培训和教育，企业需要建立一个持续的培训体系，包括对员工的基础培训，以及对新技术和知识的专项培训。

（二）市场洞察与策略调整

数字经济背景下，信息传播的速度和范围大大增强，导致市场趋势、消费者需求和竞争态势的变化更加迅速和复杂，企业必须具备快速响应和策略调整的能力，以适应不断变化的市场环境。市场洞察不仅仅是对市场信息的收集和整理，更是对这些信息的深入分析和解读，以揭示市场的深层次变化和机会，具体包括对消费者行为的观察和分析，对竞争对手的研究和评估，以及对市场趋势的预测和预期。通过对这些信息的深入分析，企业可以更好地理解市场的需求和期望，从而制定出更为合适的策略和方案。

然而，仅仅拥有市场洞察还不够，在数字经济背景下，市场的变化非常迅速，企业不仅要能够快速捕捉市场的变化，还要能够及时根据这些变化调整自身的策略和方案。为了实现这一目标，企业需要建立一套完善的市场洞察和策略调整机制，包括建立一个持续的市场信息收集和分析体系，确保及时获取最新的市场信息，以及建立一个灵活的策略调整机制，确保能够根据市场的变化快速调整自身的策略和方案。

（三）组织文化的灵活适应

数字经济的高速发展给现代服务业与先进制造业带来了巨大的挑战和机遇。在这种背景下，组织文化的灵活适应成为企业实现协同发展的关键因素之一。组织文化不仅影响着员工的行为和态度，还深刻地影响着企业的决策过程和执行力。在数字经济的背景下，传统的组织文化可能不再适应市场的需求，这就要求企业对自身的组织文化进行深入的审视和调整，确保其与数字经济的发展趋势保持一致。

为了实现这一目标，企业需要培养一种鼓励创新和接受变化的文化氛围，这意味着企业不仅要鼓励员工尝试新的方法和思路，还要为其提供必要的支持和资源，使员工更加积极地参与学习和适应的过程，从而推动企业的发展。数字经济背景下，现代服务业和先进制造业的界限变得越来越模糊，因此企业要打破传统的部门界限，建立跨部门的合作机制，这样才能进一步整合资源，实现真正的协同发展。

第六章 数字技术在协同发展中的应用

第一节 大数据与云计算的应用

一、优化生产管理与供应链

（一）数据驱动的需求预测与生产调度

数据驱动的需求预测是根据大量的历史数据、实时数据和外部数据，通过数据分析技术，对未来的市场需求进行预测的方法。在这个过程中，大数据技术发挥了核心作用。通过对过去的销售数据、市场变化、消费者行为等多种数据进行深入分析，企业能够更准确地预测未来的市场需求，从而为生产调度提供有力的数据支撑。然而，数据量庞大、格式多样且更新速度快是现代生产和服务业面临的挑战，这也是传统的数据处理和计算方法难以满足需求的地方。云计算技术为企业提供了一个强大、灵活且可扩展的计算平台，使企业能够高效地处理和分析大量的数据，为需求预测提供实时的数据支撑。

生产调度是根据市场需求，合理地安排生产资源、制订生产计划的过程。在这个过程中，需求预测的准确性至关重要。准确的需求预测可以使企业避免生产过剩或生产不足的情况，确保生产计划与市场需求高度一致。根据准确的需求预测，企业还可以合理地分配生产资源，如人力、设备和原材料等，确保生产过程的顺畅进行。云计算技术也在生产调度中发挥了重要作用。传统的生产调度方法往往依赖人工经验和静态的计划，难以适应市场的快速变化，而基于云计算的生产调度方法可以实现生产计划的实时调整，使生产与市场需求始终保持同步。

（二）供应链透明化与实时监控

在全球化和数字化的双重趋势下，供应链透明化与实时监控成为企业追求的目标。大数据与云计算技术在这方面提供了强大的技术支撑，帮助企业实现供应链的高度可视化和实时响应。供应链透明化意味着企业能够清晰地了解供应链中每一个环节的运作状态，这种透明化来源于各种传感器、无线射频识别（RFID）等技术的广泛应用，它们能够实时地采集供应链中的数据，如物流信息、生产数据、库存情况等，从而为企业提供丰富的、细致的供应链运行情况。例如：通过对物流数据的分析，企业可以了解货物的实时位置、运输状态等，确保物流的顺畅进行。

（三）供应链风险管理与优化

面对全球化供应链中的各种不确定性和复杂性，如何确保供应链的稳定和高效运行成为企业追求的重要目标。供应链涉及多个环节，每个环节都可能存在风险，如供应商延迟交货、物流中断、生产线停滞等。这些风险可能由于各种原因，如天气、政策、市场变化等，而导致供应链中断，给企业带来巨大损失。因此，对供应链风险的识别、评估和管理显得尤为关键，大数据和云计算技术在这方面发挥着重要作用。

大数据技术能够对来自供应链的各种数据进行深入分析，如供应商的历史交货记录、物流数据、生产数据等，从而识别供应链中的潜在风险。例如：通过对供应商的交货记录进行分析，预测其未来的交货稳定性；通过对物流数据进行分析，预测物流路线的稳定性和效率。云计算技术为这种风险分析提供了强大的计算和存储能力，其原因在于云计算技术可以提供高度可扩展、低成本的计算和存储资源，使得供应链风险数据得到快速、有效的处理。更为重要的是，基于云计算的风险管理系统可以实现高度的灵活性和扩展性，使企业能够根据实际风险情况，迅速调整系统配置，实现实时响应。

（四）供应链合作伙伴关系的深化与创新

在现代服务业与先进制造业的协同发展中，供应链不仅仅是物品流通的简单链条，更是企业间互动、合作与创新的重要平台。面对日益激烈的市场竞争，企业需要更加紧密的供应链合作，以实现资源的优化配置、提高生产效率和满足市场需求。大数据与云计算技术正是助力这一变革的关键驱动力。

在供应链中，各企业产生了海量的数据，如订单数据、生产数据、销售数据等。这些数据不仅反映了企业的经营状况，更隐藏了供应链合作伙伴的需求、能力和潜在机会。大数据技术可以对这些数据进行深入挖掘与分析，为企业揭示供应链合作伙伴的真实需求、潜在风险和合作机会。例如：通过对销售数据的分析，企业可以发现某一合作伙伴的产品在某一市场区域的销售情况，这为双方在该区域的市场合作提供了重要线索。

基于云计算的供应链合作平台可以实现数据的实时共享、协同处理和智能决策。例如：通过云平台，供应链合作伙伴可以实时共享订单、库存、生产等数据，实现生产与市场需求的高度匹配；基于云平台的协同设计和研发工具，供应链合作伙伴能够在同一平台上进行产品设计和研发，大大缩短了产品上市周期。

基于大数据与云计算技术的供应链合作伙伴关系不仅实现了合作的深化，更推动了合作的创新。例如：供应链合作伙伴可以基于共同的数据分析，发现新的市场机会，共同开发新产品；或者基于云平台的资源共享，进行生产设备、技术和人才的共享，实现生产效率的最大化。

二、个性化服务与市场营销

（一）构建精准的用户画像

对于企业来说，理解并满足消费者的不同需求是获得竞争优势的关键，而构建精准的用户画像则为企业提供了实现这一目标的强大工具。每一个消费者都是独特的，他们的需求、喜好和价值观都有所不同。因此，将消费者划分为不同的群体，为每一个群体提供个性化的商品和服务，是实现个性化服务与市场营销的基础。

大数据技术为企业提供了收集、存储、处理和分析用户数据的能力，这些数据包括消费者的购买记录、浏览行为、搜索查询、社交互动等。通过对这些数据的深入挖掘和分析，企业可以获得关于消费者的丰富信息，如消费者的消费习惯、品牌偏好、价值观、生活方式等，这些信息是构建精准用户画像的基石。

云计算技术则为大数据分析提供了强大的支撑。云计算平台具有强大的计算能力、存储容量和数据处理速度，可以实时更新用户数据，为企业提供最新的用户信息。此外，基于云计算平台的分析工具和算法，企业能够更快速、准确地分析用户数据，构建精准的用户画像。有了精准的用户画像，企业就可以更为精确地制定市场营销策略，为不同的消费者群体提供更为匹配的商品和服务。例如：对于喜欢户外运动的消费者，企业可以推荐相关的运动装备和旅行线路；对于注重健康的消费者，企业可以提供健康食品和保健品。这不仅可以提高消费者的购买意愿，还可以提高企业的销售额和市场份额。

（二）实时推荐系统的实现

实时推荐系统不仅提升了消费者的购物体验，还为企业带来了更高的转化率和更大的商业价值，大数据与云计算技术的结合为实时推荐系统的实现提供了可能性。

大数据技术在实时推荐系统中发挥了关键作用。通过对大量数据的深入挖掘和分析，企业不仅可以了解消费者的基本信息，还可以发现其深层次的需求和偏好。例如：分析消费者的购买路径、停留时间、点击率等数据，可以帮助企业理解消费者的购物行为和心理，进一步提高推荐的准确性。在这样的理想前提之下，实时推荐系统不仅为消费者提供了个性化的购物体验，还为企业创造了巨大的商业价值。它不仅能够提高消费者的购买转化率，还可以增加平台的用户黏性，使消费者更愿意在平台上长时间停留。

由于推荐算法需要处理的数据量巨大，传统的计算方式难以满足实时性的要求，而云计算平台具有强大的计算能力和高速的数据处理速度，

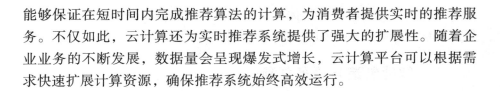

能够保证在短时间内完成推荐算法的计算，为消费者提供实时的推荐服务。不仅如此，云计算还为实时推荐系统提供了强大的扩展性。随着企业业务的不断发展，数据量会呈现爆发式增长，云计算平台可以根据需求快速扩展计算资源，确保推荐系统始终高效运行。

（三）多渠道互动与营销

在数字化时代，消费者的购买行为和互动方式已经发生了巨大的变化。多渠道互动与营销策略充分利用了大数据和云计算的优势。

多渠道互动意味着消费者可以通过多种方式与企业进行交互，包括但不限于社交媒体、移动应用、实体店、电子商务网站等。每一个互动都会产生大量的数据，如消费者的点击率、浏览时长、购买记录等，正是这些数据帮助企业了解消费者的需求、偏好和购买行为。

传统的数据分析受到硬件和软件的限制，难以处理大规模的数据，并且难以满足实时分析的需求。而云计算技术提供了强大的计算能力和高速的数据处理速度，确保企业可以实时获取和分析消费者的行为数据，从而为消费者提供及时、个性化的服务。

（四）营销效果的实时评估与优化

传统的营销方式往往依赖后期的反馈和总结，而在现代服务业与先进制造业协同发展的背景下，利用大数据和云计算技术进行营销效果的实时评估与优化已成为趋势。实时评估主要是通过对营销活动过程中产生的数据进行实时分析，获取到营销活动的实时反馈。例如：对于一个在线广告活动，可以通过实时监控点击率、展示量、转化率等关键指标，了解广告的受众群体、覆盖范围、吸引力等。这些数据为企业提供了有力的支持，使得企业可以根据实际情况快速做出决策，调整广告内容、定位、频次等，以提高广告效果。

基于大数据和云计算技术的实时评估，企业还可以进行策略优化。策略优化不仅仅是对当前营销活动的调整，还包括对未来营销策略的规划。例如：通过对历史数据的分析，企业可以发现哪一时间段的用户活跃度较高，可以将这一时段作为重点投放广告的时间，提高广告的曝光率和转化率。在实时评估与优化的模式下，企业可以根据实时反馈快速做出调整，避免了不必要的损失，提高了投资回报率。

三、智能制造与服务创新

（一）产品质量的智能分析与提升

在现代经济格局下，如何借助大数据和云计算技术，实现产品质量的智能分析与提升，是每一个企业都需要深入思考的课题。产品质量并不仅仅是一个完成度或性能的指标，它涉及生产、研发、销售、售后等多个环节，每一个环节都有可能成为影响产品质量的关键因素。

借助大数据技术，企业可以对这些环节的数据进行全面的采集、整合和分析，包括生产线上的温度、湿度、机器运转状态等，从而为产品质量的智能分析提供宝贵的信息。

借助云计算技术，企业不再受限于本地计算资源的限制，可以运行更加复杂、深入的数据分析模型。例如：通过对历史数据的分析，企业可以建立起产品质量与生产参数之间的关系模型，对生产过程进行实时的监控和调整，确保产品的质量始终处于最优状态。云计算技术支持企业进行跨地域、跨部门的数据共享和协同，能够帮助企业形成一个完整、统一的产品质量管理体系。在此基础上，企业可以利用机器学习、深度学习等先进技术，进行更为精细的质量预测和优化。例如：通过对生产数据的深入分析，机器学习模型可以预测出某一批次的产品可能出现的质量问题，并及时进行调整，避免损失的发生；深度学习技术则可以帮助企业从大量的数据中挖掘出隐藏的规律，为产品质量的持续提升提供有力的支持。

（二）制造业与服务业的深度融合

在当今社会，制造业和服务业之间的关系正经历着深刻的变革。曾经的"产品制造商"正在转变为"服务提供商"，而背后推动这一转变的，正是大数据与云计算技术的广泛应用。这些技术的发展使得企业能够更加灵活地满足客户的个性化需求，从而实现制造业与服务业的深度融合。

　　大数据技术使得企业可以收集、整合和分析大量的数据，包括用户的行为、喜好、反馈等，通过对这些数据的深入分析，企业可以洞察市场的需求，发现新的商业机会。例如：某汽车制造企业可以通过分析用户的驾驶数据，了解用户对车辆性能、舒适度、安全性的需求，从而在下一代产品中做出相应的改进，进一步优化供应链、提高生产效率、减少资源浪费，从而提高竞争力。

　　云计算技术为制造业与服务业的深度融合提供了基础设施支持，支持企业运行各种应用，可以实现数据的快速处理和分析。这使得企业可以在云端为客户提供各种服务，如远程监控、在线维护、数据备份等。云计算还可以帮助企业实现业务的快速扩展和全球布局，提高市场响应速度，这也意味着在制造业与服务业的深度融合中，企业不再仅仅是产品的制造者，而是变成了解决方案的提供者。

四、跨界协同与资源共享

（一）数据驱动的合作决策

　　数据驱动的合作决策需要有一个明确的决策框架，这个框架应当基于数据的分析结果，明确各参与方的角色和职责。此外，为了保证数据驱动的合作决策能够真正落地并产生效果，还需要有一套完善的数据治理机制，确保数据的质量和安全。数据驱动的合作决策不仅可以提高合作的效率，还可以降低合作的风险。因为所有的决策都是基于大量的数据分析得出的，所以更具有科学性和可靠性。同时，大数据技术为合作方提供了一个持续优化的机会，即便在合作开始后，企业仍然可以通过对新数据的实时分析来不断调整合作的策略，确保合作始终朝着正确的方向前进。

（二）共享型 IT 基础设施

　　云计算提供的 IT 基础设施能够实现高度的中央化，同时具有广泛的可访问性。这样的基础设施可以确保在各种场景下，无论是数据处理还是业务运营，各方都可以依赖统一的平台进行。这种一致性为各种应用和服务提供了坚实的基础，使得企业能够在此基础之上快速地进行创新和实验。对于制造业来说，这样的共享型 IT 基础设施意味着可以更为简便地接入各种服务，无论是供应链管理、产品设计还是市场推广；对于服务业来说，特别是那些依赖数据和技术的服务提供者，如金融、医疗和教育等，依然可以依赖这样的基础设施，提供更为稳定和高效的服务。

这种基于云计算的共享型 IT 基础设施具有极高的可扩展性，因为随着跨界合作的不断深化，可能会涉及更多的参与者和更复杂的应用场景。而共享型 IT 基础设施可以轻松地满足这些扩展需求，无须重新设计或升级。并且，传统的 IT 基础设施需要大量的前期投资，难以调整和升级，云计算模型则采用了按使用付费的方式，使得企业可以根据实际需求灵活地调整资源，从而大大降低了跨界合作的总体成本。从长远的角度看，构建共享型 IT 基础设施对推动制造业和服务业的协同创新起到了关键的作用，只有在一个统一、稳定和高效的平台上，企业才能真正实现深度的跨界合作，从而创造出更多的价值。

（三）开放式创新与知识共享

开放式创新是指企业不仅仅依赖内部的资源和能力进行创新，还积极地与外部的伙伴、研究机构甚至是消费者进行合作，共同开发新的产品、技术和服务。在这一过程中，大数据技术为企业提供了巨大的信息处理能力，使其能够从海量的数据中快速地挖掘出有价值的信息，为创新活动提供有力的数据支撑；云计算技术为企业提供了一个灵活、高效、可扩展的计算平台，企业可以在云平台上建立各种应用和服务，与外部的合作伙伴进行高效的数据交换和合作。

知识共享是开放式创新的另一个重要方面，在这一领域，大数据与云计算技术同样发挥了巨大的作用。通过对海量的知识、技术、市场和消费数据的深入分析，企业可以更为准确地把握市场的趋势和需求，找到较有潜力的创新点。云计算技术则为企业提供了一个高效、便捷的知识共享平台。企业可以在此平台上发布各种研究报告、技术文档、案例分析等，与外部的合作伙伴共同探讨、学习和成长。

通过开放式创新与知识共享，企业不仅可以获得外部的知识和资源，还可以把自己的优势分享给其他企业，形成一个互利共赢的创新生态系

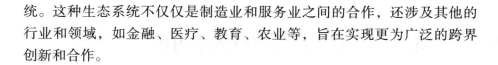

统。这种生态系统不仅仅是制造业和服务业之间的合作，还涉及其他的行业和领域，如金融、医疗、教育、农业等，旨在实现更为广泛的跨界创新和合作。

（四）优化资源配置与流通

资源配置是企业运营的核心环节，涉及生产、销售、研发等多个领域，而传统的资源配置方法往往基于经验和直觉，容易出现资源浪费、重复投资和效率低下的问题。大数据技术能够对大量的数据进行分析和挖掘，可以为企业提供更为精确的资源配置建议。例如：通过分析销售数据、市场趋势和消费者行为，企业可以更准确地预测市场的需求，从而合理地分配生产和库存资源，避免资源的过剩或短缺。云计算技术则为企业提供了一个高效、灵活的资源交易和共享平台，企业可以通过该平台将闲置的资源发布出去，与其他企业进行交易或共享。例如：一个生产企业在某个时间段内生产能力过剩，可以将其生产线上的空闲时间出租给其他需要的企业，从而实现资源的最大化利用；相反，一个需要加大生产力但又不想投资购买新设备的企业，可以在云平台上租用其他企业的生产线，从而快速地满足生产需求。

这种基于云计算技术的资源交易和共享模式，不仅可以提高资源的使用效率，还可以加快资源的流通速度，降低交易成本，增强企业的竞争力。资源的流通不仅仅是物质资源的流通，还包括技术、知识、信息和服务的流通。在这一领域，大数据和云计算技术同样发挥了巨大的作用。例如：企业可以通过云平台提供技术咨询、培训、研发等服务，与其他企业进行技术和知识的交流和共享。这种模式既可以增加企业的收入，又可以促进技术和知识的传播和普及。

第二节　人工智能与机器学习的推动作用

一、提高生产效率与质量

（一）实时分析与故障预测

在现代服务业与先进制造业的协同发展中，数字化转型已成为一种不可逆转的趋势。当下，人工智能与机器学习技术正逐渐渗透生产的每一个环节，为提高生产效率与质量提供了强有力的技术支持。尤其在实时分析与故障预测方面，这些技术的应用显现出了巨大的潜力与价值。在数字化生产环境中，大量的数据源源不断地从各种传感器和设备中产生，这些数据在传统的生产模式下可能被忽略，但在当前的环境下，它们被赋予了生命和意义。借助人工智能与机器学习的强大计算能力，这些看似零散的数据可以被高效地整合和分析，每一个数据点都可能蕴含着对生产过程中潜在问题的线索，每一个数据模式都可能暗示着某种将要出现的故障。

目前，实时分析不仅限于数据收集，还延伸到了数据的解读与应用。通过对大量历史数据和当前数据的对比，机器学习模型可以预测出设备的可能故障，并为生产团队提供准确的预警。这种预警机制带来了两方面的好处：一方面，生产团队可以提前采取措施，避免设备出现故障，从而减少生产中断的风险；另一方面，预测性维护降低了因设备故障导致的维修成本，因为提前的干预往往比紧急维修更经济有效。

（二）生产流程优化

传统生产流程中存在着多个环节，每一个环节都有其固有的效率与成本特点。过去，企业往往依赖经验或是定性的分析来进行生产决策，这种方式在一定程度上可能会导致资源的浪费和效率的降低。然而，随着数据科学和计算技术的进步，现代制造业已经有能力从大量的生产数据中挖掘出有价值的信息，为生产流程带来优化。利用人工智能与机器学习技术，企业可以更为精确地分析生产过程中的每一个细节、每一个数据点、每一个模式，从而为生产流程中的某一个环节提供优化的建议。通过对原材料使用、生产速度、设备状态、工人操作习惯等多方面数据的综合分析，企业不仅可以精确地找出生产过程中的浪费点或效率瓶颈，还能为生产策略提供有力的数据支持。例如：在某个生产环节中，数据显示设备频繁地在短时间内停启，这可能意味着设备存在某种问题或工人操作不当。通过机器学习模型的分析，企业可能会发现这是因为某种原材料的品质问题，或是工人没有得到足够的培训。基于这些发现，企业可以及时调整原材料的供应策略，或加强工人的培训，从而有效地提高生产效率。

生产流程优化不仅关乎单一的环节，更是一个系统性的工程。每一个环节的优化都可能对整体生产带来积极的影响。更为重要的是，随着时间的推移，机器学习模型会不断从新的数据中学习，因此其预测与推荐越来越准确，可以为生产流程带来持续的优化。

（三）质量控制与异常检测

在现代服务业与先进制造业协同发展的大背景下，产品质量无疑成为企业的核心竞争力，高质量的产品不仅能够满足消费者的需求，还能够为企业赢得市场份额和良好的声誉。为了确保产品的高质量输出，质量控制与异常检测成为至关重要的环节，在这一过程中，人工智能与机器学习技术的应用显得尤为关键。传统的质量控制方法，如人工检查或固定阈值的应用，虽然在某种程度上能够满足基本的检测需求，但在处理大量、复杂的生产数据时，这些方法可能会显得力不从心。机器学习技术，凭借其在数据分析方面的强大能力，可以对这些数据进行深入挖掘，找出隐藏在数据中的各种模式和规律，从而为质量控制提供更为精准的指导。例如：某一生产线在生产过程中可能会生成大量的关于原材料、生产速度、温度、湿度等方面的数据，机器学习模型可以对这些数据进行细致的分析，及时发现生产过程中的微小异常，如温度的微小波动或原材料的轻微偏差。这些微小的异常，虽然在传统的检测方法中可能会被忽视，但在长期的生产过程中，可能会对产品的质量产生重大的影响。通过机器学习技术的应用，企业可以在问题发生之前进行预警和干预，从而确保产品的高质量输出。

二、个性化服务与智能推荐

（一）精准化的用户画像

在数字化、网络化的时代背景下，服务业与制造业之间的协同已经不再局限于简单的物流和供应链合作，而是涉及信息流与数据的深度整合。在这样的趋势之下，如何有效地利用大数据，以及如何将之转化为有实际应用价值的策略和决策，已经成为各大企业的当务之急。进入互联网时代，每一个点击、每一次搜索、每一次购买，背后都隐藏着用户的喜好、需求和习惯。但是，如何从这些庞大而又复杂的数据中，提取出对企业有实际意义的信息，一直是一大挑战。幸运的是，人工智能与机器学习技术的发展，为这一问题提供了有效的解决方案。

利用人工智能与机器学习技术，企业可以对用户的行为数据进行深度挖掘和分析，从而形成一个既完整又精准的用户画像。这一画像不仅包括用户的基本属性，如年龄、性别和地理位置，还包括用户的消费习惯、兴趣偏好和行为特征。这样的用户画像，为企业提供了一个清晰、直观的用户模型，使得企业可以更加精准地定位目标用户，更有效地制定营销策略。基于这样的用户画像，企业可以为用户提供真正的个性化服务，无论是在线商城的商品推荐、新闻资讯的内容推送，还是在线教育的课程推荐，都可以根据用户的实际需求和兴趣进行精准匹配。这不仅可以大大提高用户的满意度，还可以提升用户的活跃度和忠诚度。精准的用户画像还为企业提供了强大的数据支持，使得企业在产品开发、市场营销和服务提供等方面更加有针对性。例如：基于用户画像的数据分析，企业可以发现某一产品或服务在某一特定用户群中的受欢迎程度，从而为这一用户群提供更为贴心、更为合适的产品和服务。

（二）实时的智能推荐

在数字化转型的浪潮下，服务业与制造业的协同发展越发深入，这种协同发展的背后是一系列高科技的支撑，其中人工智能和机器学习技术扮演着举足轻重的角色。目前，实时的智能推荐成为推动现代服务业与制造业深度整合的重要手段，它起源于对大量用户数据的深度挖掘和学习，通过不断捕捉、分析和学习用户的在线行为，机器学习模型得以了解到用户的真实需求、喜好和习惯，从而为用户提供较为精准的推荐。

需要注意的是，实时的智能推荐并不仅仅是根据用户的历史行为进行推荐，而是可以实时捕捉用户的行为变化，从而及时调整推荐策略。例如：当用户正在浏览某一类型的商品时，系统可以立刻为其推荐相似或相关的商品，从而提高用户的购买意愿；当用户观看某一视频或听某首歌时，系统可以为其推荐相应的内容，进一步增强用户的黏性。这种实时性不仅增强了用户的体验感，还为企业带来了实实在在的商业价值，使得企业可以更为准确地了解市场的动态，从而做出更为合理的决策。

（三）高效的人工智能辅助服务

当前技术领域的发展已经催生出智能客服和语音助手，还有许多其他的人工智能辅助服务正在崭露头角。例如：基于深度学习的图像识别技术可以帮助用户快速找到需要的商品或信息；基于机器学习的智能推荐系统可以为用户提供较为匹配的商品或内容推荐。但这些都只是冰山一角。随着人工智能技术的进一步发展，可以预见，未来的服务领域将出现更多的创新和突破，高效的人工智能辅助服务不仅将改变传统的服务模式，更将为企业带来新的增长机会和竞争优势。

三、创新研发与知识积累

（一）数据驱动的创新研发

就当下各产业发展的现实情况以及未来发展的大趋势而言，大数据所带来的巨大潜力使得人工智能与机器学习技术成为企业创新研发的重要工具。利用这些技术，企业能够从大量杂乱的数据中提炼有用的信息，进而进行精准的决策。在制造业中，这种决策不仅涉及产品的设计和生产，还关乎整个产品的生命周期，从原料的采购、加工到产品的使用和回收都需要用到。以新材料的研发为例，数据驱动的方法能够大大优化传统的研发流程。在过去，研发团队可能需要通过无数次的实验和尝试，才能找到满足特定性能需求的材料；但现在，通过机器学习技术对大量历史数据进行分析，企业可以直接预测出可能的成功方案，从而大大缩短研发周期，并提高研发的成功率。

数据驱动的创新研发还体现在知识积累上，过去的研发成果、失败的尝试、成功的经验等都可以被数字化存储并进行分析。这样，当研发团队面临新的挑战时，可以直接从这些积累的数据中找到答案，避免重复过去的错误，确保每一次尝试都是在前人的基础上进行的。而且，数据驱动的方法还带来了跨行业的合作机会，如传统的制造业与现代的IT行业在数据驱动的研发中产生了前所未有的融合，制造企业可以利用IT行业的大数据分析工具，对自己的生产数据进行深度挖掘，进而发掘出新的商业模式和产品方向。

（二）知识积累的自动化

在现代服务业与先进制造业协同发展的大背景下，知识积累的自动化逐渐成为企业创新的关键力量。这一自动化过程的核心在于，人工智能与机器学习技术能够无缝地将大量数据转化为有价值的知识，从而助力企业更好地适应市场变化和技术进步。传统意义上，知识积累是一个缓慢且费力的过程，需要大量的人力资源进行数据搜集、整理和分析；而现在，利用人工智能技术，企业可以迅速从各种数据源中提取有用的信息，这些信息在经过机器学习模型的处理后，可以被转化为深入的见解和策略建议。

例如：在制造业中，每一步生产过程都会产生大量的数据，从原料的选择到产品的最终测试，这些数据原本可能散落在不同的系统和部门中，但通过知识积累的自动化，企业可以将这些数据整合到一个统一的平台上，使得研发团队可以更容易地访问和利用这些数据，进而加速产品的迭代和优化。在现代服务业中，知识积累的自动化同样发挥着重要作用。无论是金融、医疗还是电商，服务提供者需要对用户的需求和行为进行深入的了解，以便提供更加个性化和高效的服务。人工智能技术

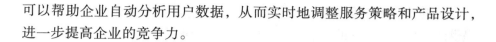

可以帮助企业自动分析用户数据，从而实时地调整服务策略和产品设计，进一步提高企业的竞争力。

（三）持续的知识更新与优化

无论是服务业还是制造业，都面临着技术迭代速度加快、消费者需求日益多变的挑战，如何利用最新的知识和技术来提供更加优质的产品和服务，进而满足市场需求，已经成为企业生存与发展的关键。人工智能与机器学习技术在其中扮演了至关重要的角色，具体而言，这些技术不仅可以帮助企业自动搜集、整理和分析海量数据，还可以实时地根据新的数据和信息更新知识体系。例如：在制造业中，新的生产数据和质量数据可以实时输入机器学习模型中，机器学习模型可以根据这些数据自动调整生产策略，从而实现产品质量的持续提升；在服务业中，机器学习模型可以实时分析大量的交易数据，自动发现潜在的风险点，从而帮助金融机构做出更加科学和合理的决策。

第三节　区块链技术的潜力

一、提高供应链透明度与效率

（一）促进多方参与者的信任构建

在数字经济的时代背景下，现代服务业与先进制造业的协同发展已经成为行业的新常态，而在这种发展过程中，供应链的透明度和效率显得尤为关键。区块链技术，作为一种新兴的技术手段，为供应链管理带来了前所未有的机遇，尤其在促进多方参与者的信任构建方面展现出巨大的潜力。供应链涵盖从原材料供应商到生产商，再到销售商和终端消费者的整个流程，涉及众多的参与者，每一个环节都基于信息交换来进行操作。在传统的供应链管理模式中，由于各方参与者之间的信息孤岛，往往出现信息不对称，导致信任危机。当参与者不能够充分信任其他方提供的信息时，交易的速度和效率便会受到严重的制约。

区块链技术的核心特点之一就是去中心化的数据存储方式，这意味着所有的交易数据都会被记录在一个公开、透明的平台上，每一个参与者都可以对这些数据进行查验。更为关键的是，这些数据一旦被记录，就不可篡改。这为供应链中的各方参与者提供了一个坚实、可信赖的数据基础。在这样的环境下，疑虑和不信任的情绪逐渐消散，交易的速度和效率得到显著的提升。而且在数字经济的背景下，数据的价值日益凸显。供应链中的数据不仅仅关乎交易的完成，更关乎企业的战略决策和市场预测。有了区块链这样可靠的数据基础，企业可以更加精准地进行市场分析，从而在激烈的市场竞争中脱颖而出。区块链技术还为供应链带来了另一个巨大的优势，那就是智能合约的应用。智能合约是一种自动执行的合约，当合约中的条件被满足时，合约便会自动执行。这为供应链中的交易提供了极大的便利，不仅可以缩短交易的时间，还可以减少人为因素导致的错误。

（二）追踪产品全生命周期

如前所述，区块链技术的核心在于提供了一个去中心化、不可篡改的公开账本，每一笔交易，无论是物料采购、生产流程还是产品销售，都可以在区块链上被永久性地记录下来，这就为产品的全生命周期提供了一个完整、真实的"身份证"。在购买一个产品时，消费者可以轻松查询到该产品的所有历史，包括原材料的来源、生产过程中的各个环节、物流信息等。例如：在食品行业中，消费者可以轻松追踪到食品的原产地、生产日期、运输过程等，大大提高了对食品安全的信心。

对于企业来说，区块链技术在追踪产品全生命周期中的应用也带来了诸多好处。通过对每一个环节的详细记录，企业可以更加准确地了解生产线上各个环节的情况，从而更好地进行生产管理和优化。当某一个环节出现问题时，企业可以迅速定位到问题的根源，从而提高生产效率和质量。此外，对于回收和再利用的产品，也可以通过区块链技术进行有效的管理和监控，为循环经济提供有力的技术支持；区块链技术还为

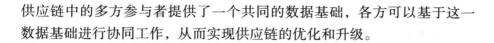

供应链中的多方参与者提供了一个共同的数据基础，各方可以基于这一数据基础进行协同工作，从而实现供应链的优化和升级。

（三）应对复杂的合规需求

供应链作为连接制造业与服务业的关键链路，其透明度和效率直接关系到整个产业链的运作效率和企业的竞争力。在这一背景下，复杂的合规需求已经成为供应链管理中不可或缺的一部分，而区块链技术正展现出巨大的助力潜力。合规需求的复杂性主要来源于两个方面：一是国际化的供应链涉及多国、多地区的法规和标准；二是各行业、各领域的特定规定在不断变化，企业要时刻更新合规信息。这给供应链管理带来了巨大的挑战，如何高效、准确地满足这些合规需求，成为企业亟待解决的问题。

区块链为企业提供了一个真实、完整的数据基础，大大简化了合规报告的准备过程，监管机构可以直接在区块链上查看企业的所有交易记录，确保其合规性。这不仅简化了监管流程，也提高了监管的准确性和效率。区块链技术还可以与智能合约技术结合，自动执行某些合规操作。例如：当某个产品需要满足特定的环境标准时，智能合约可以自动检查产品的所有原材料和生产过程，确保其满足标准。在数字经济背景下，区块链技术还可以与其他技术，如大数据、人工智能等结合，为合规需求提供更加先进的解决方案。

二、保障数据安全与隐私

（一）分布式存储结构的优势

在数字经济的背景下，数据已经成为企业的核心资产，数据的安全性和隐私性关系到企业的生存和发展。在现代服务业与先进制造业协同发展的过程中，大量的数据需要在各个企业和组织之间进行流通和共享，如何确保这些数据的安全性和隐私性，成为企业和组织亟待解决的问题。区块链技术的分布式存储结构，为此问题提供了一个有力的解决方案。分布式存储结构的优势主要体现在以下几个方面。

一是抗攻击性强。如前所述，由于区块链数据分散存储在多个节点中，黑客想要攻破整个系统，需要同时攻破多数或所有节点。相比传统的中心化数据库，这大大提高了攻破的难度，有效降低了数据被攻击的风险。二是数据不可篡改。区块链技术的另一个特点是数据不可篡改，一旦数据被记录在区块链上，任何人都无法修改它。这确保了数据的真实性和完整性，使得企业和组织在数据共享和流通过程中可以更加放心。三是增强数据的备份与恢复能力。区块链的数据存储在多个节点上，即使某些节点出现故障或被攻击，其他节点上的数据仍然是安全的。这为数据提供了多重备份，确保了数据的持续可用性。四是隐私性增强。区块链技术支持多种加密算法，可以确保数据的隐私性。在数据流通和共享过程中，只有获得授权的人才能查看和使用数据，这有效保护了数据的隐私性。五是降低了单点故障的风险。传统的中心化数据库存在单点故障的风险，一旦中心服务器出现问题，整个系统都可能受到影响，而区块链的分布式存储结构有效避免了这种风险。

数字经济时代，现代服务业与先进制造业之间的协同发展，使得数据流通和共享成为常态。在这个背景下，区块链技术的分布式存储结构为数据的安全性和隐私性提供了有力的保障，使得企业和组织可以更加放心地进行数据流通和共享，推动数字经济的进一步发展。

（二）数字身份验证的创新

在数字经济的大背景下，数据安全与隐私保护是现代服务业与先进制造业协同发展的核心议题。与此同时，随着业务流程的线上化、服务的数字化和制造业的智能化，数字身份验证成为确保数据安全与隐私的关键环节。区块链技术在这方面显现出了巨大的创新潜力。传统的数字身份验证系统通常依赖中心化的机构或服务器来存储和验证用户信息，这不仅存在单点故障的风险，而且一旦中心服务器被攻击或出现漏洞，大量用户数据可能会面临被泄露的风险。区块链技术则通过去中心化的方式，为数字身份验证提供了全新的解决路径。

基于区块链的数字身份验证系统具有几个显著特点。第一，独一无二的身份标识。如前所述，每个用户或组织都可以在区块链上创建一个独特的数字身份，这一身份不仅是唯一的，而且是不可篡改的，一旦身份被确认，就无法被其他人冒用。第二，加密保护。区块链技术本身具有高度的加密性质，这确保了用户的数字身份信息在存储和传输过程中得到充分的保护。第三，去中心化验证。在区块链系统中，数字身份的验证不再依赖任何中心机构或服务器，而是通过网络中的多个节点共同参与来完成，这大大降低了单点故障和数据泄露的风险。第四，交互的信任基础。基于区块链的数字身份验证系统为各种在线交易和数据交互提供了一个可靠的信任基础。无论是 B2B 的合作，还是 C2C 的交易，双方都可以通过区块链技术确保对方的真实性和可信度。第五，跨界认证。在数字经济的环境下，不同的行业和领域之间的数据交互和业务合作日益增多。基于区块链的数字身份验证系统可以实现跨界认证，确保数据和业务在不同领域之间流动时的安全性和隐私性。

（三）智能合约的应用

智能合约并不是纸质或传统意义上的合同，而是编写在区块链上的自动执行程序，这些程序根据预先设定的规则，在特定的触发条件满足时自动执行，无须任何中介或第三方参与。因此，智能合约为数据的管理与流通提供了一个高度可靠且透明的机制。考虑到现代服务业与先进制造业在数字化进程中产生的海量数据，智能合约在以下几个方面展现出强大的应用潜力。

一是数据共享与隐私保护。毋庸置疑，患者的医疗数据、消费者的购买记录或制造业中的生产数据都可以通过智能合约进行管理，这使数据只能在满足某些条件时被共享或访问，大大增强了数据的安全性与隐私性。二是自动化的交易与结算。在供应链、金融服务或其他交易活动中，智能合约可以自动执行付款、结算等操作，这不仅简化了交易流程，还大大提高了交易的效率和准确性。三是可靠的合作伙伴关系。在多方参与的业务活动中，如联合研发、跨企业合作等，智能合约使各方在合作过程中的权益得到了充分的保障。通过明确的规则与自动化的执行机制，它消除了因为不信任而带来的摩擦与障碍。四是透明的供应链管理。在制造业中，从原材料的采购到产品的生产、销售，智能合约都可以实现供应链的透明化管理，这不仅确保了供应链的效率，还有助于增加用户黏性。五是自动化的合规与审计。智能合约可用于确保数据的合规性和准确性。例如：某些敏感数据只能在特定的法律或规定下被共享或使用，智能合约可以确保这些规定被严格遵循。

三、促进跨行业合作与创新

（一）建立统一的标准与协议

区块链技术的核心思想是提供一个去中心化但信任的数据共享和处理平台，这个平台上的各种数据和流程都是透明的，每一个参与者都可以验证数据的正确性。这为建立统一的标准和协议提供了可能性。统一的标准和协议在跨行业合作中起到了至关重要的作用，它不仅保证了数据的一致性，还确保了业务流程的顺畅。多个行业或多个企业想要进行合作时，不再需要为了数据格式和业务流程的转换而浪费时间和资源，而是可以直接基于区块链平台进行高效的协同。

统一的标准和协议还为创新提供了基础，在数字经济中，创新往往需要多个行业或多个企业的共同努力。例如：智能制造可能需要制造业、物联网、大数据和其他多个行业的技术和资源，而在区块链平台上，这些行业可以更加方便地共享数据和资源，从而加速创新的进程。统一的标准和协议可以提高数据的质量，因为所有的数据都需要满足同样的标准才能被记录在区块链上；它还可以降低数据交换的成本，因为数据的格式和内容都是统一的，无须进行额外的转换。

（二）确保数据的真实性和完整性

在数字经济时代，数据被视为新的"石油"，对于现代服务业和先进制造业的协同发展而言，数据的价值无法估量。在这种背景下，区块链技术所展现出的能力在确保数据真实性和完整性方面显得尤为关键。区块链技术的核心是去中心化的分布式账本，每一笔交易都需要网络中的多数节点达成共识后才能被添加到链上。一旦数据被记录，它就成为网络的一部分，任何企图篡改的行为都会被网络中的其他节点检测到并立即拒绝，因此安全性较高。

区块链技术的另一个突出特点是它的透明性，所有的交易都是公开的，每一个参与者都可以查看并验证数据的完整性。这种透明性不仅增加了数据的可靠性，还为跨行业合作提供了信任。当多个企业或行业参与者共同工作时，各方都可以基于区块链平台，相互验证数据的真实性和完整性，从而确保合作的顺利进行。数字经济中的创新往往涉及数据的整合和分析，数据的真实性和完整性是进行有效分析的前提。例如：在智能制造领域，需要将生产数据、供应链数据、市场数据等整合起来，进行深入的分析，以提高生产效率和市场反应速度。同样，在现代服务业中，如金融、健康医疗、物流等领域，数据的真实性和完整性也是关键。例如：在金融领域，交易数据的真实性直接影响到市场的公平性和效率；在健康医疗领域，患者医疗记录的真实性和完整性直接关系到治疗的效果。

（三）促进资产和权益的流转

在数字经济的大背景下，现代服务业与先进制造业的协同发展已经成为推动经济持续增长的关键，资产和权益的流转在这种协同中起到了至关重要的作用。传统的资产和权益流转方式往往涉及复杂的程序和手续，利用区块链技术，资产和权益可以被称为数字化的代币或合约，这种数字化的形式使得资产和权益的流转更为迅速和高效。在一个去中心化的系统中，交易双方不再需要依赖中间机构来确认和验证交易，因此大大缩短了交易时间并降低了成本。

对于现代服务业而言，区块链为其提供了一种全新的方式来获得和使用资产。例如：在金融服务领域，可以通过区块链发行的数字货币或稳定币来进行跨境支付，简化了跨境交易的流程，使得资金流转更为迅速；在物流和供应链管理领域，利用区块链技术，企业可以实时追踪货物的流转情况，确保货物的安全和时效。对于先进制造业而言，制造企业可以将其产品或部分组件的知识产权在区块链上进行注册和交易，从而获取额外的收入来源。这种方式不仅为制造业带来了新的商业模式，还为其打开了与服务业合作的新渠道。除了资产和权益的流转，区块链还能为企业提供更多的融资渠道。

第四节 智能制造与服务创新的实例分析

一、三一重工集团简介

三一重工集团（三一重工股份有限公司，以下简称"三一重工"）始创于 1989 年，自成立以来，秉持"创建一流企业，造就一流人才，作出一流贡献"的企业愿景，打造了业内知名的"三一"品牌。目前，三一重工正在实施三大战略：全球化、数智化、低碳化。2011 年，国内经济增长速度放缓，该集团营业收入也持续走低。在这种背景下，该集团启动了一系列创新举措，寻求通过数字化转型开辟发展新径，即从传统的制造业务拓展到包含服务的更广泛的业务范畴。早在 2008 年，三一重工就已经在行业内部率先开展了企业客户用户化系统（ECC）的自研，这个平台的设计目的是储存和分析数据，从而实现集团与其生产设备之间的远程互动。这一创新使得集团能够管理和分析每天产生的大量数据。这一成就更是在 2015 年获得国家认可，被选为国家级智能制造试点示范项目之一。

凭借在工业大数据管理和应用上的深厚积累，结合最新的云计算技术、多源异构数据采集等先进技术，三一重工成功将工业大数据融入价值链的每个环节。集团推出的工业互联网平台——树根互联，便是这一战略的明证。该平台不仅仅是数据的集合点，它还将大数据与智能制造体系紧密连接，为客户提供包括解决方案、金融服务、配件支持等的全方位服务，使服务质量达到了前所未有的高度，实现了基于大数据的服务化升级。目前，三一重工的服务网络已经非常庞大，包括上千个服务中心和七千多名技术服务人员。公司承诺全年无休，全天候提供服务，确保在设备发生故障后两小时内到达现场，一天内解决问题。这种高效、全面的服务体系已经成为三一重工在激烈市场竞争中的一大核心竞争力。

二、案例分析与讨论

（一）路径一：工业大数据提升客户导向能力作用于制造业服务化

1.内部积累数据

在我国政府大力推动制造业企业走向数字化的早期阶段，三一重工立刻采取行动，提出了"所有业务数据化"和"所有数据业务化"为目标的战略转型，以此加速企业在数字化和智能化设计方面的发展。在数字化转型的初期，三一重工面临的一个主要挑战是数据采集能力不足，这导致其数据资源主要限于公司内部。这些数据资源可以分为三大类。首先，基础数据是由企业资源计划（ERP）、客户关系管理（CRM）、生产信息化管理（MES）等传统信息系统构成的，这些系统能够自动化地收集关于物料、供应商、账户、客户以及生产等方面的数据。其次是基于物联网技术的监控系统，早在2004年，三一重工就开始探索建立"M2M远程数据采集与监控平台"，这一平台通过在全球范围内数十万台设备上安装工业智能控制终端来收集设备的工作时间、油耗、使用频率以及地理位置等信息，从而实现对分布在世界各地的设备实时监控。最后是自销售终端的客户数据，这些数据主要通过人工登记的方式收集，当客户进店消费时，经销商会记录客户的相关信息，这对于公司在客户关系管理方面的工作至关重要。

随着时间的推移，三一重工逐渐积累了大量的内部数据，这些数据通过传统的信息系统、监控设备以及人工记录方式获得。然而，这些数据散布在不同的系统中，导致信息孤岛现象严重，使得数据的利用效率极低。为了克服这一挑战，三一重工借助工业互联网的支持，开始采用数据接口、通信协议和系统集成等技术手段，对来自不同异构系统的数据进行统一的管理。这样的做法使得企业能够实时采集和共享各系统中的数据，大大提高了数据利用的效率和有效性。这一转变意味着三一重工能够更加灵活和高效地处理内部数据，解决了长期存在的数据孤岛问题。通过实现数据的集成和共享，三一重工不仅优化了内部资源的管理，还为数据分析和决策支持打下了坚实的基础。这一策略的实施，帮助

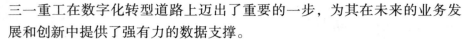

三一重工在数字化转型道路上迈出了重要的一步，为其在未来的业务发展和创新中提供了强有力的数据支撑。

2. 整合数据资源形成客户导向能力

在积极从累积的数据资源中提炼有价值的信息方面，三一重工通过将产品的发展重心从技术导向转变为客户导向，展示了其对市场需求的深刻理解。为了实现数据资源的有效整合，三一重工着手建立了大数据平台，并开发了 ECC 客户服务平台。这一平台的建设，使得公司能够将不同来源的数据汇聚到一个统一的后台系统中，从而快速查阅分布在全球的设备的基本情况。在数据分析平台初步建成时，其数据分析能力尚显不足，主要限于对客户数据的分析，但 ECC 客户服务平台现已积累了大量数据。随着每天设备数据量的持续增长，工业大数据在提升企业面向客户的能力方面的作用日益凸显。通过这种方式，三一重工不仅优化了其产品和服务，更在行业内树立了以客户需求为中心的发展模式，强化了其在市场中的竞争力。这种以客户为中心的转变，不仅反映了三一重工对市场动态的敏感性，也展示了其通过技术创新和数据整合不断提升服务质量和客户满意度的决心。

在现代工业生产和服务过程中，大数据技术的应用已成为推动产品创新和提升客户满意度的关键力量。特别是在产品研发阶段，工业大数据的利用不仅能够加速产品的创新过程，还能够显著提升客户的参与度，确保最终产品能够更好地满足客户的需求和期待。三一重工的实践在这方面提供了一个鲜明的例证，展现了通过有效整合客户参与和大数据分析来优化产品设计和服务体验的过程。三一重工主要采取客户直接参与和间接参与的双轨策略，以确保产品研发过程中充分考虑和利用客户的反馈和需求。直接参与方式涉及客户在产品设计、试制和测试阶段与研发团队的紧密合作，这种模式允许客户直接对产品的设计和功能提出建议，使得最终产品能够更加贴合客户的具体需求。此外，三一重工通过建立线上服务体系和线下店铺，极大地增加了与客户沟通的触点，能够有效收集和处理客户信息，较大程度上追求客户满意度。间接参与侧重于利用其他渠道收集客户数据，这些数据随后作为产品研发的重要参考。在开发 C8 系列泵车的过程中，三一重工特别注重收集来自一线员工的反馈和建议，这些一线员工对客户需求和问题有着更为深入的理解。研发团队通过分析这些来自一线的数据，不仅加深了对客户业务的洞察，也识别出客户在实际操作中可能遇到的问题。这种基于一线反馈的研发模式，使得最终产品更加符合市场和客户的实际需求，有效提升了企业的客户导向能力。

在工业大数据的驱动下，产品售后服务已成为提升客户满意度和企业绩效的关键环节。三一重工通过创建 ECC 客户服务平台，展现了利用大数据技术优化售后服务的流程，以实现对客户需求的快速响应和问题解决。该平台通过日常监控全球范围内所有设备的运行信息，有效收集并分析超过 20 万台客户设备的实时运行数据。这些数据通过传感器实时传输到后台，不仅使三一重工能够为每一台设备建立详尽的数据仓库，还能够追踪设备的状态趋势，及时识别并排查客户设备可能出现的问题。通过这种高效的数据监控和分析机制，三一重工能够为客户提供更加精准和个性化的预防措施及解决方案。ECC 客户服务平台的应用大大提高了设备的运行效率和可靠性，这不仅体现了大数据技术在提升产品质量和运行效率方面的巨大潜力，也彰显了三一重工在售后服务领域的创新实践。ECC 客户服务平台的成功实施，进一步加强了三一重工与客户之间的互动和沟通，为客户提供了更加便捷、高效的服务体验。此外，平台的数据分析和问题预防机制也为三一重工提供了宝贵的运营和维护经验，有助于企业持续改进产品设计和服务流程，进而提升整体的客户满意度和企业市场竞争力。

3.利用能力实现制造业服务化

三一重工的服务化升级战略旨在通过提供卓越的基础服务，显著提高企业服务水平，满足用户需求。该企业采用一种系统的方法来深入理解市场，通过收集和分析现有以及潜在客户的数据，成功识别了客户的特征。基于这些分析结果，三一重工将客户分为不同的群体，以实现市场的细分。这种策略不仅使三一重工深刻了解了不同客户群体的具体需求，而且为公司的产品和服务研发提供了坚实的基础，能够更精准地满足市场和客户的需求。

三一重工成功实施了客户导向策略，显著提升了为客户提供服务的能力和质量。通过建立和运用 ECC 控制中心，三一重工实现了对全球范围内出厂设备的实时监控，无论设备位于国内外任何地点。这一系统的运用不仅加速了故障排查过程，还提高了恶意欠款的识别效率和设备状态的精确控制，由此将服务响应从被动转为主动，有效提高了服务质量，同时降低了资金风险。在深入理解客户业务的基础上，三一重工进一步开发了全球服务大屏，该大屏实时展示了全球客户的业务运营状况。利用大屏上的设备地理位置信息，企业能够实时监控各地设备的运行状态，一旦设备预测出现故障，便能及时采取针对性的措施。此外，三一重工提供的租赁服务极大地减少了客户在租赁期间的维修费用，尤其是通过设备故障的预警功能，帮助客户节省了大量维修成本。当发现客户设备出现故障时，三一重工能够迅速收集关键信息，如设备编码、故障代码和故障发生时间等，迅速提出解决方案。对于那些需要现场维修的严重故障，企业还能够通过"周边服务资源分布"功能，规划出合适的技术人员派遣方案，确保故障得到及时且有效的处理。

三一重工的客户满意度显著提升，归功于公司采取的服务化升级路径，其中以用户需求为核心的服务理念尤为关键。该理念将客户需求置于首位，由原先提供标准化服务转变为提供定制化"保姆式"服务，极大地增强了客户对企业及其产品的信任度。通过向客户分发问卷调查，三一重工对客户满意度进行了细致的评估。调查结果表明，三一重工在七大产品类别中客户满意度均位于行业领先位置，其中一类产品仅以微弱差距位居第二，显示出企业在行业中的高客户满意度。此服务化升级路径高度适合那些服务化经验不足，或者尚未开始服务化转型的制造企业。例如：三一重工在服务化升级初期就是这样的案例。初期阶段，企业已经积累了大量的内部数据，包括但不限于产品信息、机械数据、物料数据以及客户信息等。这些数据的获取成本低，提取容易，为企业在数据处理与分析能力尚未成熟时提供了便利条件。在这一阶段，企业以提供更优质的基础服务为目标，深入挖掘产品和客户数据的潜在价值，准确把握客户需求，实现了从粗放式服务到精细化服务的转变。

（二）路径二：工业大数据提升服务创新能力作用于制造业服务化

1.内外部泛在化收集数据

随着三一重工深入探索工业大数据在促进制造业服务化升级中的应

用，企业逐渐认识到旧有的"单点对多点"数据积累模式已不再能够充分支持其业务转型的广泛需求。这种模式在处理复杂的业务场景和满足日益增长的客户需求方面显示出了局限性。因此，面对这一挑战，三一重工看到了以用户为中心构建平台式模型的迫切性和重要性。2016年，迈向这一战略转变的关键一步是三一重工与其子公司"树根互联"，共同发起了根云平台的建设。此平台的创立标志着三一重工在服务化升级道路上的一次重大进展，它不仅仅是技术的革新，更是业务模式和思维方式的根本转变。根云平台成功地构建了一个包括供应商、制造企业、客户等的"多点对多点"的服务生态体系，这一生态体系使用更加开放和互联的方式，帮助各方在平台上进行更有效的数据共享、资源整合和协同工作。

根云平台，作为三一重工在工业大数据应用方面的重要创新，利用实时的工业数据感知能力，采用统计学习、机器学习、强化学习等多种数据挖掘技术。该平台汇集了来自企业内部和外部的广泛数据源，如设备物联网数据、市场环境信息、生产与经营数据以及外部互联网络数据等，构建了一个全面的数据生态系统。该平台提供的服务范围广泛，包括设备接入与建模、物联网数据管理、物联网分析服务和工业区块链四大类。特别是在设备接入与建模方面，平台开放了共享接口，支持各类设备快速接入云端，极大地增强了企业的数据集成和管理能力。三一重工通过将上游制造商、下游经销商以及最终客户纳入这个平台，实现了从生产、销售到服务的全链条数据集成，有效地打破了各环节之间的信息壁垒。通过整合内外部数据资源，根云平台不仅能够实时监控设备状态和机器生产参数等内部运营数据，还能够捕捉到外部商务活动、第三方分析服务和客户业务偏好等外部信息，从而实现内外部数据的深度融合。此外，三一重工将产品研发到生产的整个过程全部接入互联网，建立了一个全面的业务管理和监控系统，实现了对泵机、挖掘机、路面机械等超过一百种工程机械装备的低成本数据采集，覆盖了六千多种数据类型。

2.整合数据资源形成服务创新能力

三一重工通过拓展工业大数据的采集与应用，从仅限于企业内部到覆盖整个企业生态系统，成功地塑造了新的服务创新能力。这种转变使得三一重工能够更加精确地捕获市场需求和优化自身产品与服务。20世纪90年代，国内工程机械市场几乎完全依赖进口，国产设备只占有极小的市场份额。在这一时期，许多国内制造企业要么选择引进国外技术，要么模仿国外的产品来求得发展。然而，三一重工采取了不同的路径。三一重工深知单纯模仿国外产品永远只能是追随者，无法达到世界领先的水平，因此坚定地选择了自主创新的道路。"打破恐惧，勇于创新"不仅成了三一重工的企业文化核心，也成为推动企业持续发展的重要驱动力。这一文化精神激励着三一重工在面对技术挑战和市场竞争时，始终坚持自主创新的道路，不断探索和突破技术难题，实现了从跟随者到行业领导者的华丽转变。

三一重工在工业大数据分析与建模的过程中，向全行业揭示了众多服务创新的可能性。在其服务化转型的早期阶段，三一重工向客户提供的服务项目较为单一，主要涵盖设备维修、预防保养、远程诊断、配件供应、6S店面运营及客户个性化的增值服务等几个方面，其中，设备维修服务所占的比重超过一半。这些服务在设计时一般从企业自身出发，尚未充分实践"以客户为中心"的服务理念。因此，三一重工认识到需要从更广泛的客户和行业视角出发，深化和丰富服务内容。工业大数据技术的进步为三一重工开拓服务创新的新领域提供了关键动力，借助根云平台，三一重工能够利用数据预处理、统计分析、机理模型、机器学习等多样化算法和模型，展现出强大的数据分析和处理能力。通过高效的数据收集和分析，三一重工加强了与上下游合作伙伴及客户之间的沟通、协作与数据共享，使企业服务团队能够直接与市场接轨，实时掌握外部环境变化、客户需求及内部运营状况，并从中识别出有价值的信息。这种基于数据的深入分析不仅激发了员工的服务热情，也为业务流程的优化和服务创新提供了坚实的基础。三一重工借此建立了故障预测模型、运营管理系统和全新的商业模式，旨在向客户提供更广泛的服务产品、更高效的服务流程、更专业的服务团队及更多元的服务渠道。

3. 利用能力实现制造业服务化

随着服务创新能力的持续提升，三一重工在优化其服务创新体系方面取得了显著进展。企业的服务模式经历了从管家式到专业化服务的转变，显著提高了服务化的水平。这一转型不仅仅体现在服务质量的提升上，更在于三一重工服务目标的演进，即从最初提供高品质的基础服务向提供更加多元化和专业化的高级服务转变。这种转型意味着三一重工不再仅仅满足于解决客户的基础需求，而是更加深入地理解客户的专业需求，提供更为精准和细致的服务方案。这种服务的深度和广度的拓展，使得三一重工能够更好地满足市场和客户的多样化需求，进一步巩固和提升了企业在行业内的竞争优势。

在不断追求服务创新的过程中，三一重工成功地将高质量的基础服务与更加丰富多样的服务相结合，进而为客户提供了增值体验。企业不仅在售后服务领域如配送、安装和维修等提供了扎实的基础服务，还在金融服务领域进行了深度探索和创新。三一重工通过整合高质量的金融资源与互联网渠道，向中小企业提供了全面的、定制化的金融解决方案，帮助这些企业解决融资难题，拓展业务范围。例如：三一重工创建的乐久隆财险面向装备制造业的财险公司，利用从数据仓库中获取的关于产品使用的细节信息，根据设备运行状态的数据分析，为客户量身订制覆盖设备全生命周期的专业保险解决方案。此外，三一重工提供贷款、担保、投资融资以及上市辅导等一系列金融服务，有效地将原本分散的市场整合为一个综合性市场。通过这样的服务创新，三一重工不仅提升了自身的服务层次，也加强了企业的整体竞争力。

三一重工在推进服务创新的过程中，借鉴了汽车行业的高标准服务模式，成功地建立了专为机械设备设计的6S服务中心。这些服务中心提供了法律事务、二手手机交易、核心部件回购、产品租赁、工程信息咨询以及总体建设方案设计、设备升级改造、专项和定点服务等一系列业务支持和扩展服务。至今，三一重工已经在全国30多个省市成功设立了这样的6S服务中心，旨在为客户提供更加专业和标准化的一站式服务体验。这一系列的服务创新举措，标志着三一重工已经将用户需求置于核心位置，以数据驱动为基础，实现了全价值链的紧密连接和企业运营的优化。通过工业大数据的深度赋能，三一重工逐步推进了服务化升级的步伐，成功地从单一的产品销售模式转型为"产品＋服务"的综合解决方案提供者。这不仅体现了三一重工对服务创新的重视和投入，也展示了企业在满足市场和客户需求方面的不懈努力和成就。

在服务化升级的后期，三一重工采纳了一条高效的路径，成功地提升了生产效率和市场竞争力，同时实现了成本的大幅降低。三一重工实施了全面的数据收集策略，使得信息流通更加畅通，显著减少了过去在不同组织和企业之间存在的信息不对称问题，实现了企业信息资源的充分整合。通过利用工业大数据平台，三一重工不仅实现了企业内部信息的高效整合，还对企业运营的各个方面进行了深度分析和优化，从而推动了企业创新发展的步伐。该平台的运用加强了企业与客户之间的互动，使客户需求管理更加透明化，有效减少了库存，提高了利润率。另外，得益于信息技术的强大支持，三一重工在设备创新方面不断取得突破，为客户提供了全面和多层次的服务，这些服务不仅满足了客户的多元化需求，也进一步加强了三一重工在行业中的竞争地位。

这条升级路径被视为一种高级阶段的发展策略，比较适合那些具有强大数据采集及分析能力、丰富服务化升级经验以及较为出色的竞争力的大型制造企业，对企业的数据处理能力有较高要求，要求企业不仅拥有能够熟练运用机器学习、云计算等工业大数据技术的专业团队，还需要具备强大的数据处理平台，以快速识别生产和经营过程中的服务创新机会，确保企业在提供高质量基础服务的同时，开发和提供更多样化的创新服务。

（三）路径演进方式

三一重工的服务化升级成就依赖工业大数据的深度应用，其从初期的以客户为中心的服务模式转变到后期的服务创新模式，这一转变体现在以下几个关键方面。

1. 强化工业大数据技术实力

工业大数据技术实力关乎一个制造企业构建数据采集与分析平台、基础硬件设施及网络环境的能力。在服务化进程中，三一重工建立了根云平台，这个平台作为一个桥梁，连接了先前相对孤立的上下游企业以及企业内部的不同部门，实现了平台上参与方数据的迅速收集和共享。根云平台的平台即服务（PaaS）层为企业提供了全面的业务场景支持，包括但不限于数据集成、数据存储查询、数据分析、数据可视化及数据挖掘等功能。在软件即服务（SaaS）层，它为企业和客户提供了设备市场后服务、资产管理、能源管理和融资租赁等服务，通过运用尖端的工业大数据技术，显著提高了企业的服务化程度。平台内各参与方的频繁互动为新产品和服务的创新发现提供了机会，企业可以直接利用平台内的资源进行服务创新，促进价值的共创，进而提高服务创新能力。通过这种方式，三一重工不仅优化了自身的服务体系，还通过数据驱动的方法不断探索和实践新的服务模式，进一步提升了企业在市场中的竞争力和客户满意度。

2. 提高工业大数据管理能力

工业大数据管理的能力涉及制造业管理团队以有序且持续的方法来处理公司的常规业务，包括对大数据的规划、决策、协调和控制。在这个框架内，制订一个有效的工业大数据利用计划成为利用数据驱动服务化升级的基础，这是每个制造企业必须具备的核心能力。与此同时，与传统的决策过程相比，基于数据的决策提供了更高的智能性，使得企业能够更准确地根据客户需求做出针对性决策，这不仅有助于减少企业运营成本，还能向客户提供更加个性化的产品和服务。在工业大数据管理的过程中，数据的来源可能非常广泛，因此对数据的协调和控制能力对于制造企业来说尤为重要。三一重工展现出了将不同来源的大数据进行跨模块同步分析的能力，通过优化和整合信息流、资金流和物流，为客户提供更加高效的综合解决方案，从而显著提高了企业的服务化水平。这种综合性的数据管理和应用策略，不仅优化了企业内部运营效率，也极大地提升了企业在市场中的竞争力和客户满意度。

3. 提高工业大数据人员能力

在工业大数据领域，人员能力指的是从事数据分析工作的员工在专业知识和任务执行能力上的熟练程度。自从三一重工开始其服务化升级的旅程，公司已经引进了一大批既懂技术知识、技术管理，又具备商业洞察力和人际关系能力的数据技术专家。2021年，三一重工要求各个业务部门至少引入七到八位专注于数据分析和模型建设的专业人员，并通过专业培训进一步增强各业务部门的数据处理能力。这一行动突显了工业大数据人员能力在推进企业服务化升级过程中的关键作用。为了较大限度地利用工业大数据在制造业服务化升级中的助推作用，三一重工不仅积极引进了具有高级技术和管理能力的人才，还在全公司范围内营造了学习和应用数据知识的氛围。三一重工把工业大数据决策能力融入其

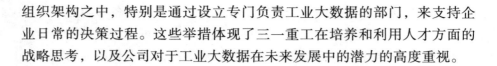

组织架构之中，特别是通过设立专门负责工业大数据的部门，来支持企业日常的决策过程。这些举措体现了三一重工在培养和利用人才方面的战略思考，以及公司对于工业大数据在未来发展中的潜力的高度重视。

三、案例总结

通过深入分析三一重工的个案不难看出，制造企业在服务化升级过程中，从初级到高级的演进路径得到了实践上的体现。在转型的初期阶段，三一重工主要依赖内部的传统信息系统、监测设备和销售端点所积累的数据，这一阶段外部数据的引入较为有限，数据分析的深度和广度相对较浅。为了强化数据整合与分析，三一重工建设了 ECC 客户服务平台，该平台不仅使企业能够监测全球范围内的设备运行信息，还使客户能够直接参与产品设计过程，显著增强了企业的客户导向能力，并为客户提供了更优质的基础服务。随着转型进入后期，三一重工开始加大与上下游合作伙伴及客户之间的沟通与数据共享力度，并成功建立了根云平台，专注于企业生态系统中的数据采集与分析。这一转变显著提升了三一重工的数据分析能力和服务创新能力，为客户提供了更广泛、更高级的服务，服务范围扩展到金融、法律、产品回收等多个领域，从而使得服务化水平得到了显著提升。

在制造企业服务化升级的过程中，两种不同的路径揭示了不同的进入门槛和目标定位。第一条路径专注于运用企业内部的工业大数据，旨在为客户提供高质量的基础服务。这一路径特别适合那些服务化经验较为初级，数据采集及分析能力不够强大，但志在逐步推进服务化升级的制造企业。这种方式强调利用现有的内部资源和数据，通过提升数据处理和客户服务能力，逐步构建服务化的基础。另一条路径则在确保优质基础服务的同时，进一步整合企业内外部数据资源，把这些数据作为工业大数据的一部分来为企业赋能，目的是为客户提供更加多样化和高级的服务。这一路径更适合那些已经在服务化升级道路上积累了丰富经验，拥有较强的竞争力和数据处理能力的大型制造企业。这种模式要求企业不仅有能力处理大规模的数据集，还有能力从这些数据中提炼出有价值的信息，以支持服务创新和个性化客户体验。

第七章 实践指导与策略建议

第一节 现代服务业数字化发展战略

一、数据资源整合与开放共享

（一）构建跨行业数据整合平台

在数字经济的背景下，数据已成为企业、行业乃至国家的核心竞争力。为应对日益复杂的商业环境，现代服务业亟须与制造业等其他行业高效融合，提供更为精准、高效的服务。而这种融合的核心，正是数据的流动性和可访问性。构建一个跨行业的数据整合平台，不仅是实现这一目标的关键，更是满足各行业数字化转型需求的基石。数据整合平台的价值在于能够将分散在各个企业、各个系统中的数据资源进行统一整合，形成一个完整、一致的数据视图。这样的平台应具备以下特点。

第一，兼容性。平台要能够支持各种数据格式和来源，包括但不限于结构化的数据库、非结构化的文档、实时流数据等。在技术选型时，应充分考虑到平台的扩展性和适应性，以适应未来的技术发展和业务需求。第二，数据处理能力。为了确保数据的一致性和完整性，平台需要提供数据清洗、转换和融合的功能，以帮助企业去除数据中的噪声、填补数据的空白、解决数据的冲突等问题，使得数据更加真实、准确。第三，安全与隐私保护。鉴于数据涉及的敏感性和重要性，平台必须提供严格的安全和隐私保护措施，包括数据的加密、访问控制、审计跟踪等功能，确保数据在整合过程中不被泄露、篡改或滥用。第四，开放性与协同性。平台应当鼓励数据的开放共享，但也要保证数据的安全，可以通过建立数据市场、数据沙盒等方式，使得企业在确保数据安全的前提下，分享其数据资源，与其他企业、研究机构进行合作，共同创新。在实践中，构建跨行业数据整合平台不仅是一个技术问题，更是一个管理和战略问题，需要各方——包括政府、企业、研究机构等共同参与、共同努力，确保平台的成功构建和运营。通过这样的平台，各行业之间的壁垒将被打破，数据将流动起来，创新的可能性将被无限放大。

（二）建立开放的数据共享政策

对于现代服务业来说，数据不仅能够提供更为精准、高效的服务，还能够为企业带来更为广泛的商业机会。然而，要充分发挥数据的价值，仅依靠单一企业或机构的数据是远远不够的。数据只有在更广泛的范围内流动和交换，才能够真正发挥其价值。因此，建立开放的数据共享政策显得尤为关键。

为了推动数据的开放和共享，企业和政府需采取一系列有效的措施。提供数据 API 接口是其中一个关键措施，这样的接口可以让合作伙伴和其他相关方更为方便地访问和使用数据，从而推动数据的广泛应用。这不仅能够为合作伙伴提供更为丰富、多样的数据资源，还能够为整个社会带来更大的效益。与此同时，数据的开放和共享带来了一系列的挑战，数据的所有权、使用权限、安全和隐私都是需要认真对待的问题。为了解决这些问题，明确的政策规定和技术手段都是必要的。例如：可以制定明确的数据所有权和使用权限规定，确保数据在共享过程中的合法性和合规性；或者采取一系列技术手段，如数据脱敏、数据加密等，确保数据的安全性。

（三）推进数据标准化和可操作性研究

数据，对于企业、政府、机构乃至整个社会的价值是巨大的，但单靠某一家企业或机构的数据，很难实现持续性发展。因此，如何制定和实施一个既能够确保数据流通，又能够保证数据安全和隐私的开放数据共享政策，成为人们需要思考的问题。构建一个开放的数据共享政策的首要任务是明确数据的共享目的和范围。数据共享不是无的放矢，而是要有明确的方向或范围，可以是为了促进某一行业的研发创新，或是为了提高某一领域的管理效率。明确了数据共享的方向或范围后，就可以更有针对性地制定相应的政策。

数据共享并不意味着可以牺牲数据的安全和隐私，必须制定一系列的技术和管理规范，确保数据在共享过程中不被非法使用或泄露。其中，数据脱敏、数据加密等技术发挥着重要的作用。为了鼓励数据的提供者分享其数据，可以提供一定的经济或其他形式的激励。同时，为了确保数据的高质量，还可以设置一定的数据质量标准和认证机制。需要注意的是，即使制定了再完善的数据共享政策，如果没有有效的监管，这一政策也难以发挥其应有的效果。因此，必须建立一套完善的监管机制，确保数据共享行为的合法性和合规性。

（四）强化数据安全与隐私保护

在数字化时代，当数据成为现代服务业发展的核心资产时，如何确保这些数据的安全与隐私，同样成为推进数据资源整合与开放共享的关键问题。数据安全与隐私保护的核心目标是确保数据的完整性、机密性和可用性，为了实现这一目标，需要采取一系列技术和管理措施。从技术层面来看，数据加密技术是确保数据机密性的关键手段，使用强加密算法进行加密，能够确保数据不被未经授权的第三方窃取。从管理层面来看，制定严格的数据管理政策和流程是确保数据安全的关键，包括数据分类、数据生命周期管理、数据备份和恢复等。每一项政策和流程都应该根据数据的敏感性和价值进行定制，确保每一份数据都能得到适当的保护。

数据隐私保护更加复杂，因为它不仅涉及技术问题，还涉及伦理、法律和社会问题。因此，除了采取技术措施外，还需要构建一套完整的数据隐私管理体系，包括数据隐私政策、数据隐私评估、数据隐私培训等。这一体系旨在确保每一位数据使用者都明白数据隐私的重要性，知道如何正确地处理和使用数据，以及如何确保数据主体的权益不受侵犯。因此，为用户提供数据隐私设置和控制的功能非常重要，用户应该能够方便地查看、修改、删除自己的数据，也应该能够决定自己的数据是否被共享和使用。

二、强化产业链协同与数字技术融合

（一）建立跨界合作机制

在数字化转型的背景下，现代服务业的发展需要更为紧密的产业链协同与数字技术融合。建立跨界合作机制成为这一进程中的关键举措，意在打破传统行业之间的边界，创造更大的价值。在传统的产业结构中，各行业往往相对孤立、各自为政，但随着数字技术的广泛应用，各行业之间的界限逐渐模糊，这为跨界合作提供了可能性。例如：一家专注于餐饮的企业，可能会与一个数字支付平台进行合作，提供更便捷的支付体验。这样的跨界合作不仅可以提供更好的用户体验，还可以优化资源配置，从而提高效率。

建立跨界合作机制的核心是找到合适的合作伙伴，并建立有效的合作模式，要对合作伙伴进行深入的研究，确保双方的资源和能力可以互补，实现真正的协同效应。在这一过程中，数字技术的作用不可或缺。例如：通过大数据分析，可以更准确地预测市场需求，帮助合作双方找到最佳的合作点；通过云计算和物联网技术，可以实现跨地域、跨行业的资源共享，进一步提高合作效率。

（二）全面利用数字技术优势

在现代服务业的数字化进程中，是否全面利用数字技术的优势成为决定企业能否站在产业风口上的关键。数字技术，已经不再仅仅是一种工具，而是推动产业链协同与深度融合的强大动力，它使得企业不再受限于自身硬件的束缚，为资源的高效配置和大规模计算提供了可能。例如：一个餐饮企业可能需要了解各个时段的客流量以优化用餐体验，通过云计算，企业可以实时分析数以万计的订单数据，迅速做出调整，无须在本地服务器上花费大量时间和资源。

除了云计算技术，大数据提供了对庞大、复杂数据的深入挖掘与分析能力。例如：旅游平台可能每天都有大量的用户在浏览、搜索、预订各类产品，通过大数据分析，可以洞察出用户的旅游偏好，如目的地选择、出游时长等，进而优化产品结构，更好地满足市场需求。人工智能，尤其是深度学习技术可以模拟人类的大脑结构，对复杂的非结构化数据进行自主学习和判断。例如：在零售领域，可以通过深度学习技术对用户的购物行为、评价内容等进行学习，预测其未来的购物需求，为供应链的优化提供有力的数据支持。区块链技术可以为供应链管理提供透明、安全的数据记录和追踪手段。虚拟现实和增强现实技术可以为用户提供沉浸式的消费体验。物联网技术使得万物互联成为可能，为各类产业提供了丰富的数据来源和智能化的操作手段。

（三）优化供应链管理

对于现代服务业而言，供应链管理不再仅仅是简单的物品或服务的流通，而是一种从原始供应商到最终消费者之间的全方位、多层次的管理活动。随着数字技术的日趋成熟，如何有效地利用这些技术进行供应链管理的优化成为业界关注的热点。数字技术对供应链管理带来的第一个显著影响是信息透明性的大幅提升，以云计算为例，这种技术可以帮助企业构建一个集中化、统一化的信息管理平台，确保供应链各环节的信息实时、准确地传递。这样，无论是采购、生产还是销售，都能够基于真实、准确的信息做出决策，大大降低了业务运营的风险。

人工智能技术，尤其是机器学习技术为供应链管理带来了前所未有的智能化能力。通过对历史数据的分析，企业可以预测未来的市场需求、库存变化等关键指标，为供应链的规划和优化提供有力的支持。当然，仅仅依赖数字技术还远远不够。真正的供应链管理优化，还需要对现有的业务流程进行深入的剖析和重构。例如：如何有效地整合供应链上下游的资源，形成一个紧密的合作伙伴关系，是供应链管理优化的另一重要方向。而随着数字货币、区块链等新技术的出现，供应链的资金流管理也迎来了新的机遇。通过数字货币的实时结算功能，可以极大地提高资金的使用效率，降低运营成本。

（四）提高用户体验与服务个性化

数字技术的崛起，为服务业提供了新的、更为有效的解决方案。具体来说，数字技术可以帮助企业更好地了解消费者的需求，提供更为个性化和高品质的服务，从而大大提高用户体验。例如：可以根据消费者的购买历史，为其推荐与之相似的商品或服务，提高转化率。

同时，数字技术为服务业带来了新的交互方式。以虚拟现实为例，这种技术可以为消费者提供一种全新的、沉浸式的体验，使其仿佛置身于真实的场景之中。需要注意的是，数字技术带来的机遇与挑战并存。如何确保数据的安全性、保护消费者的隐私、避免过度的数据挖掘，都是需要人们认真思考的问题。只有确保数字技术合理、安全的应用，才能够真正提高用户体验，帮助企业赢得市场的竞争。

三、加强人才培训与创新能力提升

（一）建立多元化的人才培养机制

数字化转型不仅仅是技术的革命，更是整个组织文化和人才结构的变革，在这样的背景下，单一的人才培养模式已经无法满足现代服务业的需求。可以与高校、研究机构、行业协会展开深度合作，将学术界的前沿理论与企业的实际需求相结合，从而为企业输送更具应用性、更为专业的人才。

具体来说，与高校的合作，可以为企业提供更为系统、更为全面的人才培养方案。高校具备丰富的教育资源和经验，可以帮助企业制定更为合理、更为先进的培养模式，从而确保所培养的人才既具备理论基础，又能够迅速适应企业的实际工作。例如：可以与高校共同开设实习基地，为学生提供实践的机会，帮助其更好地将所学知识应用于实际工作中。与研究机构的合作，可以为企业提供更为专业、更为前沿的技术支持。研究机构在某些技术领域具备深厚的研究积累，与其合作可以为企业带来新的技术创新点，帮助其快速实现数字化转型。例如：可以与研究机构共同开展技术研发项目，推动企业的技术创新。与行业协会的合作，可以帮助企业更好地了解行业的发展趋势和市场需求。行业协会通常具备丰富的行业数据和资源，与其合作可以为企业提供更为宝贵的市场信息，帮助其更好地制定发展战略。例如：可以与行业协会共同开展市场调研，为企业提供更为准确、及时的市场反馈。

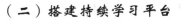

（二）搭建持续学习平台

在数字技术日新月异的当下，企业和员工必须时刻保持敏锐的技术触角，适应和领跑技术变革。为此，搭建一个持续学习平台变得尤为重要，这不仅能够满足企业快速的技术更新需求，也能确保员工的职业发展与市场需求同步。为了达到这一目的，持续学习平台应覆盖多个层面的内容，应从基础的数字技术入门，持续深入高阶的应用实践，确保员工能在此平台上找到合适的学习资源。同时，平台应提供与行业趋势同步的培训内容，使得员工可以随时了解到行业的最新动态和技术进展。

除了内容丰富，持续学习平台的形式也应多样化。可以线上培训和线下培训相结合，如线上的视频课程、线下的实践工作坊等。线上培训灵活又方便，员工可以根据自己的时间安排学习；线下的实践工作坊则为员工提供了一个互动和实践的机会，使其可以与其他员工交流和分享经验。为了鼓励员工积极参与学习，还可以在持续学习平台上设置一些激励机制。例如：为完成学习的员工提供一定的奖励，或者与职业晋升挂钩，使得学习成为员工自身发展的驱动力。

（三）重视实践与创新能力培养

数字化的核心不仅是掌握新技术，还涉及如何将这些技术与实际业务应用结合，以及如何创新以满足市场的变化和消费者的需求。只有通过实际的应用和实践，员工才能真正掌握数字技术的精髓和应用方法，因此为员工提供实践的机会和平台变得尤为关键。可以为员工提供真实的项目案例，让他们在实际的业务场景中应用所学的数字技术，这种"学以致用"的方法，不仅可以加深员工对技术的理解，还可以提高他们解决实际问题的能力。

在数字化时代，技术的更新换代速度很快，昨天的创新可能今天就已经过时，因此培养员工的创新意识和能力变得尤为重要。可以通过组织创新大赛、鼓励员工提出新的业务模式或解决方案等方式，激发员工的创新热情。这不仅可以为企业带来新的业务机会，还可以提高员工的职业满足感。为了确保实践和创新能力培养的效果，还需要建立一套完善的评价和反馈机制，及时了解员工的学习和实践情况，并根据实际情况对培训内容和方法进行调整。在服务业与制造业协同发展背景下，企业应与高等院校、研究机构等进行深度合作，共同开展实践和创新能力培训。可以通过定期的研讨会、工作坊等方式，分享最新的技术和市场动态，激发员工的学习热情；或者邀请业内专家和学者，为员工提供高质量的培训和指导，确保培养出的人才既具备扎实的技术基础，又具备强烈的创新意识。

（四）优化激励与评价机制

在数字化的时代背景下，单纯地提供技术培训或创新能力提升已不再足够，因为人的驱动力往往来源于对工作的满足感和对自己的价值的认同。因此，优化激励与评价机制，确保每一个为数字化转型付出努力的员工得到应有的回报和认可变得尤为重要。评价机制要客观公正，评价应基于员工的实际工作表现，确保评价过程中没有任何偏见或偏向性。可以考虑引入第三方评价机构或使用数据驱动的评价工具，确保评价结果的公正性和准确性。同时，评价的标准应与企业的数字化发展战略紧密相连，确保评价结果能够真正反映员工对企业数字化转型的贡献。

激励机制的优化则涉及两个方面：物质和精神。物质激励，如薪酬、奖金、股票期权等，可以直接反映在员工的收入上，为他们提供明确的回报；精神激励，如晋升机会、职业发展空间、工作中的挑战和自主性等，可以提高员工的工作满足感和归属感，进一步增强他们的工作积极性。但激励与评价机制的设计不是一成不变的，随着技术的进步和市场的变化，激励与评价机制需要不断调整和完善。为此，建议企业定期收集员工的反馈，对激励与评价机制进行审查和调整，确保激励与评价机制始终与企业的实际情况相匹配，增强员工的信任感和归属感。

四、重视数字安全与风险管理

（一）建立多层次的安全防护体系

对于任何组织来说，仅仅依赖外部的防护措施是远远不够的，因为随着技术的快速发展，攻击手段也在不断创新，这就要求安全措施必须具备高度的灵活性和适应性。因此，从硬件、软件到网络，每一个层面都需要具备相应的安全策略。在硬件层面，不仅要确保硬件的物理安全，如数据中心的物理访问控制，还要对硬件进行定期的检查和维护，以确保其不会成为潜在的安全隐患。软件层面的安全涉及应用程序的安全开发和部署，在软件开发过程中，需要遵循安全编程的原则，确保软件在设计之初就考虑到了安全因素，同时对于已部署的应用程序定期进行安全审计和漏洞扫描，确保其始终处于最新的安全状态。网络层面的安全更为复杂，除了常规的防火墙、入侵检测和预防系统，还需要考虑到数据在传输过程中的安全，如使用加密技术保护数据的隐私性和完整性。随着云计算和物联网技术的普及，网络的边界已经变得越来越模糊，这就要求网络安全策略具备高度的扩展性和灵活性。但是，技术措施并不是万能的。真正的安全还需要依赖人和管理，因此除了加强技术防护，还需要加强对内部员工的安全教育和管理，确保员工具备足够的安全意识和技能，避免人为因素导致的安全事件。

（二）强化数据加密与隐私保护

数字化背景下，每一笔数据都是企业价值的体现，其中包含了大量的个人隐私信息。因此，如何在数字化发展中确保数据的安全已经成为每一个企业必须面对的课题。数据在其生命周期中会经历多个阶段，包括生成、传输、存储、处理和销毁阶段，可能面临来自外部和内部的各种威胁，因此每一个阶段都要采取相应的安全措施，确保数据的完整性、可用性和机密性。

利用先进的数据加密技术，可以确保数据在传输过程中不会被非法窃取或篡改，这不仅可以保护数据的机密性，还可以确保数据的完整性和真实性。例如：可以使用各种加密算法，如 AES 和 RSA，对数据进行加密存储。这样，即使数据被非法访问，也无法获取到真实的数据内容。同时，要对加密的数据进行定期的备份，确保数据的可用性。然而，仅仅依赖技术措施是不够的。数据的使用和访问也是数据安全的关键环节，要建立严格的数据使用和访问控制机制，包括制定清晰的数据使用和访问策略，明确数据的使用权限和访问权限等。

（三）建立风险评估与预警机制

为了确保企业的数字资产和业务的稳定运行，需要建立一个有效的风险评估与预警机制。风险评估是风险管理的第一步，这一步骤的目的是识别和分析可能对企业造成威胁的风险因素，根据这些风险因素的可能性和影响程度进行排序，为后续的风险管理决策提供依据。风险评估的过程包括收集相关数据、分析风险因素、评估风险的可能性和影响程度以及编制风险评估报告等。

风险评估的结果可以为企业提供有关风险的清晰和全面的视图，从而帮助企业制定合适的安全策略和措施。例如：如果评估结果显示某一网络服务存在严重的安全漏洞，那么企业就可以立即采取措施修补这一漏洞，或者暂时停止这一服务，以防止可能的安全事件。风险预警机制则是风险评估的延伸，与风险评估不同，风险预警机制更注重对实时的风险进行识别和响应。通过使用先进的技术手段，如安全信息和事件管理系统，可以对企业的数字资产进行实时的监控，及时发现和处理各种风险。风险预警机制的核心是实时性，只有对风险进行实时识别和响应，才能确保企业的数字资产和业务稳定运行。例如：当检测到某一网络服务遭受攻击时，风险预警机制可以立即发出警报，企业的安全团队就可以立即采取措施应对这一攻击，从而避免可能的损失。

（四）加强与外部机构的合作

数字经济背景下，现代服务业面临的数字安全挑战日益复杂，单靠企业内部的资源和能力很难应对所有的安全威胁。因此，与外部机构合作已经成为加强数字安全的关键措施之一。加强与外部机构的合作有以下几个方面的实践考量。

一是资源的共享。安全研究机构、安全公司等都有大量的专业研究和技术资源，这些资源可以帮助企业更好地应对各种安全威胁。通过合作，企业可以获得这些资源，从而提高自己的安全防御能力。例如：安全公司可能已经研发出了针对某种新型攻击的防御技术，企业通过合作可以快速获得并应用这种技术。二是信息的交流。数字安全的威胁是不断变化的，需要实时的信息来进行应对，与外部机构合作可以帮助企业获取实时的安全信息，从而做到快速响应。例如：当某种新型攻击方式出现时，行业协会可能会第一时间通知其成员，这样企业就可以提前做好准备，避免或减少损失。三是技术的引进。外部机构往往具有先进的安全技术，企业通过合作可以引进这些技术，从而提高自己的安全防御水平。不仅如此，外部机构还可以提供技术支持和培训，帮助企业的员工提高安全意识和技能。四是标准的制定。数字安全需要一套统一的标准和规范来指导。行业协会等外部机构在这方面具有权威性，企业与其合作可以参与这些标准和规范的制定过程，从而确保自己的安全策略和措施与行业标准相一致。五是共同的防御。数字安全的威胁往往是全球性的，需要各方共同努力。企业与外部机构合作可以形成一个联合的防御体系，从而更好地应对各种安全威胁。例如：多家企业和安全公司可以共同建立一个安全信息共享平台，实时交流和共享安全信息，共同应对安全威胁。

第二节　先进制造业数字化发展战略

一、融合式数字创新模式

（一）数字化的研发与模拟验证

数字化的研发与模拟验证构成了先进制造业转型升级的重要支点。在材料研发过程中，复杂的化学反应和物理过程往往需要长时间和大量资源进行试验，数字化模拟技术可以在计算机上快速模拟这些过程，从而迅速筛选出较好的材料组合。这种方法不仅节约了大量的时间和成本，而且减少了实验中可能产生的危险和废物。

在产品设计阶段，数字化模拟可以快速验证各种设计方案的可行性。例如：在汽车设计中，可以通过模拟验证汽车在各种驾驶条件下的性能，以及在碰撞等极端情况下的安全性。这不仅减少了实际碰撞测试的次数，也确保新产品在上市之前已经达到了高标准的安全性和性能要求。对于制造工艺的优化，数字化模拟也起到了不可或缺的作用。生产线上的每

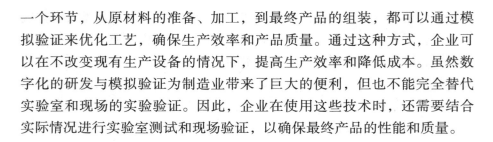

一个环节，从原材料的准备、加工，到最终产品的组装，都可以通过模拟验证来优化工艺，确保生产效率和产品质量。通过这种方式，企业可以在不改变现有生产设备的情况下，提高生产效率和降低成本。虽然数字化的研发与模拟验证为制造业带来了巨大的便利，但也不能完全替代实验室和现场的实验验证。因此，企业在使用这些技术时，还需要结合实际情况进行实验室测试和现场验证，以确保最终产品的性能和质量。

（二）灵活与智能的生产流程

随着数字技术的不断进步，生产流程的固定和线性特点已经逐渐被打破，转而走向更加动态、适应性更强的方向。物联网技术正是实现这一转变的关键因素。每一台生产设备、每一个工作单元，甚至每一个零件，都可以通过传感器和通信技术与网络相连，实时传输工作状态、生产数据等关键信息。这种连接不仅仅局限于单一工厂，甚至可以跨越多个生产基地，可以构建起一个真正的数字化生产网络。在这样的网络中，生产数据不再是静态的、孤立的，而是流动的、互联的。

数据的实时流动为生产流程的动态调整提供了可能性。假设某一生产线上的某一台设备突然出现故障，而此时生产任务又十分紧迫，传统的生产模式可能需要暂停整条生产线，等待故障设备修复，但数字化的生产网络可以迅速将该设备的生产任务转移给其他正常运行的设备，确保生产任务的连续进行。这不仅极大地提高了生产效率，还减少了因设备故障造成的生产损失。这种实时数据流还为生产流程的优化提供了丰富的依据，通过对大量生产数据的分析，可以发现生产流程中的瓶颈、浪费和不足之处，从而进行有针对性的优化。而且，这种优化不再是一次性的、静态的，而是持续的、动态的，每当生产环境、生产任务发生变化时，生产流程都可以根据实际情况进行微调，确保始终处于最佳状态。

（三）供应链的实时优化

大数据分析作为数字技术的一大利器，在供应链优化中发挥了关键作用。从生产、仓储到销售的每一个环节，都会产生大量的数据，通过对这些数据进行深入分析，企业能够捕捉到市场的微小变动，从而及时调整生产策略。例如：通过对过去销售数据的分析，企业可以准确预测到未来某一时段的产品需求，从而制订有针对性的生产计划。这种基于数据的预测不仅能够减少库存积压，还能确保产品在市场上的及时供应。

在传统的供应链中，每一个环节都可能成为信息不对称的黑箱，导致原材料的来源、质量、交付时间等关键信息的丧失或错乱。区块链技术通过分布式账本确保了数据的真实性和完整性，每一个交易、每一个操作都被记录并验证，从而为供应链的透明化提供了技术支撑。另外，供应链的实时优化还需要考虑多方合作和协同效应，因为在数字化的背景下，供应链不仅仅是单一企业的事务，而是多个企业、多个环节的共同合作，通过建立数字化的平台，各方可以共享关键信息，进行协同工作。这种协同不仅仅是在生产环节，更包括设计、研发、销售等各个环节。

（四）售后服务的个性化与远程维护

数字经济背景下，售后服务的个性化与远程维护正逐渐成为制造业不可或缺的一部分。对于消费者而言，购买产品不仅仅是为了满足当前的需求，更重要的是在产品使用过程中得到高质量的售后服务。传统的售后服务往往需要消费者投入大量的时间和精力，如前往维修点、等待维修等。而在数字化时代，通过远程诊断技术，售后服务团队可以实时接收到产品的运行数据，从而及时地发现问题、做出判断和提供解决方案。这种技术的应用不仅可以减少不必要的维修时间和成本，还能确保产品得到及时和准确的维护。对于企业而言，提供个性化的售后服务是提升品牌形象和客户忠诚度的有效途径。在传统的服务模式中，消费者得到的往往是相同的服务内容和方式。但在数字化时代，企业可以通过数据分析了解到每一个消费者的具体需求和喜好，从而为其提供更加精准和个性化的服务。例如：通过虚拟现实技术，售后服务团队可以为消费者提供更加直观和生动的维修指导，让消费者在家就可以完成一些简单的维护工作，这种方式不仅可以提高服务质量，还能增加消费者的参与度和满意度。

二、生态链共建共享

（一）数据的流通与共享

如今，数据已成为推动各行各业进步的核心动力，尤其在制造业中，数据的应用范围和深度日益加深。流通与共享的数据为企业之间的协同合作提供了更为坚实的基础，促进了整个生态链的高效运转。生态链共建共享的核心是利益相关者之间的互利合作，在这种模式下，数据不再是某一个企业的专属资产，而是整个生态链的公共资源。例如：制造企业可以与零部件供应商、分销商甚至是消费者共享数据，从而更好地理解市场需求、优化生产流程和提升产品质量。

具体来说，制造企业可以通过实时共享生产线上的数据，与零部件供应商进行协同生产，确保生产过程的连续性和稳定性；零部件供应商可以根据这些数据调整自身的生产计划，确保及时地供应所需的零部件，从而降低库存成本并提高生产效率。

（二）技术协同与创新

生态链中的参与者，从制造商到供应商，再到科研机构，都在追求技术进步和市场优势。在数字化时代，协同创新已成为推动技术快速发展的重要途径，联合进行技术研发和创新不仅可以共享资源，还可以缩短研发周期，从而更快地将技术创新转化为市场优势。为了更好地满足市场需求，制造企业和供应商通常会与科研机构进行紧密合作。科研机构凭借其在基础研究方面的优势，为制造企业提供技术支持；制造企业为科研机构提供实际生产数据，从而帮助科研机构进行更为深入的研究。

数字经济为技术协同与创新提供了更为广阔的平台。例如：通过云计算和大数据技术，生态链中的各方可以实时共享研发数据和进展，从而更为高效地进行协同研发。这种协同研发模式不仅可以加速技术研发的进度，还可以降低研发成本。考虑到全球市场的竞争日益激烈，生态链中的参与者需要不断创新以保持竞争力，技术协同与创新为这些企业提供了更为快速和经济的创新途径，从而帮助它们更好地应对市场变革。

（三）资源整合与优化

数字经济为生态链的参与者提供了一个更为广泛、深入的平台，使得各方可以更容易地进行资源整合，进而提高资源使用效率。其中，资源整合不仅仅是简单的资源聚合，更重要的是通过深度的协同与配合，实现资源之间的最佳匹配。

政府在资源整合与优化中扮演着非常关键的角色，能够引导企业朝着数字化转型的方向发展。这种引导作用不仅可以加速企业的数字化进程，还可以帮助企业更好地适应市场的变革。制造企业作为生态链的主要参与者，其在资源整合与优化中的作用不可忽视。制造企业可以为科研机构提供必要的实验场地和设备，大大加速科研机构的技术研发进程，为生产带来了技术上的支持。供应商、分销商等其他参与者也在资源整合与优化中发挥着重要作用，因为供应商可以与制造企业深度合作，实现供应链的无缝对接；分销商可以为制造企业提供市场信息和销售渠道，帮助制造企业更好地开展市场活动。

（四）开放式创新与合作

目前，先进制造业所追求的是通过与多方合作共同创造价值，打造更强大、更有活力的生态系统。开放式创新与合作，正是这一变革的关键。

开放式创新意味着打破固有的组织边界，积极寻找并利用外部的知识、技术和资源。在这个过程中，企业与外部组织、个人达成某种合作关系，通过共同努力解决某一特定问题，或者发掘新的商业机会。这种合作不仅可以带来更快、更高效的解决方案，还可以分担研发的风险，降低成本。

相较于传统的封闭式研发，开放式创新有其独特的优势，它能够更好地利用全社会的智慧资源，聚焦在特定的问题上，从而获得更高的研发效率。更重要的是，它改变了研发的组织形态，让更多的人参与创新过程，从而增强了创新的活力。在生态链的构建中，供应商、分销商、科研机构等都可以与制造企业进行合作，共同研发新的技术、新的产品，或者共同探索新的商业模式。这种合作模式不仅仅是简单的资源整合，更是一种深度的协同，目的是实现真正的共赢。

三、强化知识产权与数据安全

（一）创设数据治理体系

随着数字化转型进程的加速，数据成为制造业的核心资产，对于企业的决策、运营和创新具有关键作用。如何确保这些数据的安全、质量和完整性，成为当前面临的主要挑战。因此，构建一个有效的数据治理体系变得尤为重要。数据治理体系的目的，是为数据的整个生命周期提供明确的管理框架和准则，包括数据的定义、归属、质量、保护和使用等方面。通过明确的数据治理体系，可以确保数据的安全、可靠和合规，同时可以提高数据的使用效率和价值。

数据治理的核心是确保数据的质量和完整性，这需要对数据进行全面的审查，包括数据的来源、格式和内容，确保数据的真实性、准确性和一致性。要对数据进行定期的清洗和验证，消除数据中的重复、错误和不一致，保持数据的新鲜度和准确度。数据的安全性是数据治理体系的重要组成部分，考虑到数据的敏感性和价值，需要对数据进行加密、备份和恢复等措施，确保数据的安全存储和传输。例如：可以对数据的访问和使用进行权限管理，确保只有授权的用户才能访问和使用数据，防止数据的滥用和泄露，同时以明确的流程和标准来指导数据治理的实施，确保数据治理的一致性和规范性。

（二）提高知识产权意识与培训

加强知识产权意识的培训是确保制造业创新活动中的研发成果不被侵权的前提，通过专业的培训，可以让每一个参与者都深刻理解到知识产权在创新中的作用，以及其在整个生产过程中的重要性。培训内容不仅应涵盖知识产权的基本概念、种类和法律规定，更应深入具体的实际操作，在产品研发、设计、生产和销售等各个环节中有效保护知识产权。

培训还应该涵盖如何进行知识产权的管理、利用和转让等方面，因为通过专业的知识产权管理，可以确保知识产权的有效运用，提高其经济价值，同时可以通过知识产权的转让、许可和合作等方式，进一步扩大其在市场中的影响力。为了确保知识产权培训的实效性，要建立一个持续的、系统的培训机制，包括定期的培训、实践演练和考核等环节，确保每一个参与者都能够真正将知识产权意识落到实处，从而确保制造业的创新成果得到有效的保护。

（三）加强数据加密与备份

数据加密是通过特定的算法，将原始数据转换为不易被解读的代码，从而保护数据不被非法获取或窃取。高级的加密技术可以确保数据在存储和传输过程中的安全性，使得即使数据被非法获取，也难以解读和使用。尤其是在云计算、大数据和物联网等新兴技术广泛应用的今天，数据的传输和共享变得更加频繁，因此加密技术的应用显得尤为重要。随着技术的进步，加密算法也在不断地更新和升级，已经能够应对各种复杂的攻击和挑战。

数据备份是将存储的数据复制到另一个地方，用于在原始数据丢失或损坏时进行恢复。对于制造业来说，数据的完整性和可用性是非常关键的，因此定期的数据备份是必不可少的。备份策略应该根据业务需求和数据的重要性进行制定，确保备份的及时性、完整性和可靠性，可以配合其他的数据安全措施，如防火墙、入侵检测系统和安全审计等，构建一个完整的数据安全防护体系。对于数字化制造业来说，数据的价值不仅在于其本身，还在于如何有效地利用数据驱动业务的创新和发展。因此，数据的备份不应该影响到数据的利用和分析，需要找到一个平衡点，既确保数据的安全，又不妨碍数据的应用。

（四）构建知识产权战略与合作

在先进制造业的数字化转型中，知识产权不仅仅是单纯的权益保护，更是一个战略资源。知识产权战略的构建应着眼于整体的业务目标和技术方向，这不仅涉及对自身技术的维权，更包括如何将知识产权整合到业务发展中，使之成为支撑业务增长的重要力量。例如：对于某些关键技术，可以选择主动布局专利，形成技术壁垒，减少后来者的追赶空间；对于某些成熟或非核心技术，可以选择开放授权，吸引更多的合作伙伴，共同拓展市场。

在知识产权的合作方面，技术交叉授权是一种有效的方式。这种方式可以使企业互通有无，共享彼此的技术优势，减少重复投资，提高研发效率。例如：A企业在某一领域有着深厚的技术积累，B企业在另一领域有着先进的技术和市场份额，两者可以通过交叉授权的方式，互补技术和市场，共同推动技术的发展和应用。除了交叉授权，共同研发也是一种有效的合作方式。在先进制造业的数字化进程中，技术的更新迭代速度非常快，单靠一个企业的力量很难满足市场的需求，应与其他企业或机构共同合作，聚合多方的资源和智慧，加速技术的研发和推广。需要注意的是，在共同研发的过程中，应明确各方的权益，确保知识产权的清晰和合理，防止后续的纠纷。

第三节　促进现代服务业与先进制造业协同的策略与方法

一、构建数字双创平台

（一）智能化的需求匹配与资源配置

数字经济背景下，如何从海量的数据中提取有价值的信息，进而进行高效的匹配，对于那些希望在服务业和制造业之间构建桥梁的创业者和创新者来说是一个巨大的挑战。

数字双创平台上的智能化需求匹配是一种前沿的技术实践，其核心在于运用人工智能和机器学习的方法，自动识别和解析服务业和制造业中的需求和资源。这种方法与传统的需求收集和分析方式有着本质的不同。在传统模式中，双方可能需要经过多轮的沟通和讨论，才能够确定合作的方向和方式；在数字双创平台上，人工智能算法可以根据服务业的市场动态和制造业的技术进展，实时地为双方提供合作建议。这种自动化的匹配机制，无疑为双方节省了大量的时间和精力。与此同时，数字双创平台引入了资源配置的智能化建议功能。在传统的创业环境中，创业者可能需要投入大量的时间和精力，去寻找合适的合作伙伴和资源供应商；在数字双创平台上，平台可以根据创业者的项目特点和需求，为其推荐合适的技术提供商、资金来源、市场渠道等资源。这种资源配置的建议，不仅仅基于平台上的数据和算法，还融合了人工智能的深度学习技术，能够确保建议的准确性和可靠性。

（二）打造开放式的创新生态

开放式的创新生态区别于传统的、封闭和独立的研发体系，它不仅仅是开放技术和数据的平台，而是一个全方位的、多方参与的创新生态，涉及技术、资金、市场和人才的多方面交流和合作。在数字双创平台的开放式创新生态中，创业者、技术研发人员、市场营销专家和投资者等多方参与者都可以自由地进入和退出。这种开放性确保了生态的活力和多样性，使得生态中的各方参与者都可以找到合适自己的位置。例如：一个新的技术创新可能来自一位独立的研发人员，但这个技术在市场上的应用和推广可能需要其他的营销专家和投资者的参与。

在传统的封闭式研发模式中，技术和市场的创新往往受限于企业内部的资源和能力，而在开放式的创新生态中，技术和市场的创新可以得到外部的支持和帮助。这种外部的支持和帮助，不仅仅来自其他的企业和机构，还可能来自个人和社区。这样一来，创新的源泉和动力就不再局限于企业内部，而是来自整个生态。开放式的创新生态还有助于形成一个持续的、自我更新的创新动力。在这样的生态中，技术和市场的创新不再是一个孤立的、一次性的事件，而是一个持续的、循环的过程，新的技术和市场机会会不断地产生，旧的技术和市场机会会被淘汰。

（三）加强数字技术的应用与推广

在当前的数字经济背景下，数字技术已经渗透各个领域，包括服务业与制造业的各个环节。对于数字双创平台来说，充分利用并加强数字技术的应用与推广，不仅能够提升平台的运营效能，更能促进服务业与制造业的深度融合和协同创新。

区块链技术作为一种分布式账本技术，有其独特的优势。在数字双创平台中，利用区块链技术，可以确保数据的真实性、完整性和不可篡改性，服务业与制造业在平台上的所有交易数据和合作信息都可以得到真实、可靠的记录和保存。这不仅增强了数据的安全性，也为双方提供了一个公正、公开、透明的合作环境。区块链技术还可以用于构建智能合约，自动执行双方事先约定好的合作协议，从而简化合作流程，减少人工干预，提高合作效率。

物联网技术为数字双创平台带来了更加智能化、自动化的运营模式。通过将物联网技术引入制造业，制造企业可以实现生产过程的实时监控、数据采集和分析，从而更加精确地掌握生产状态，优化生产流程，提高生产效率。物联网技术还可以帮助制造企业实现远程控制和调度，以及与服务业的无缝对接。例如：制造企业生产出一批新产品时，可以通过物联网技术，实时将产品的生产数据、库存数据等传输到数字双创平台，与服务业的需求进行匹配，从而实现更加快速、准确的市场响应。

除了区块链技术和物联网技术，还有许多其他的数字技术也可以为数字双创平台带来巨大的价值。例如：大数据技术可以帮助平台对大量的市场数据、用户数据进行分析，洞察市场趋势，预测未来需求；人工智能技术可以为平台提供更加智能化的服务，如自动客服、推荐系统等。

二、推动知识产权与数据资产的整合

（一）构建数据驱动的知识产权评估体系

谈到知识产权，人们通常会想到专利、商标、著作权等。这些知识产权的价值并不是固定的，而是会随着市场、技术、法律和社会环境的变化而变化。传统的评估方法的主观性较强，往往难以准确反映知识产权的真实价值，数据驱动的评估体系则可以有效解决这一问题。在这一评估体系中，大数据技术起到了至关重要的作用。大数据技术可以从众多的数据源中抽取有关知识产权的各种数据，如市场数据、技术数据、法律数据等，这些数据经过深度分析和整合后，可以为知识产权的价值评估提供更为客观和准确的依据。

以制造业为例，企业在研发过程中，可能会产生大量的技术数据，

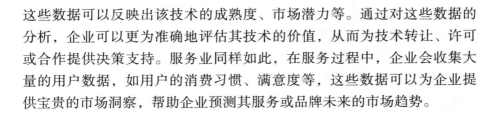

这些数据可以反映出该技术的成熟度、市场潜力等。通过对这些数据的分析，企业可以更为准确地评估其技术的价值，从而为技术转让、许可或合作提供决策支持。服务业同样如此，在服务过程中，企业会收集大量的用户数据，如用户的消费习惯、满意度等，这些数据可以为企业提供宝贵的市场洞察，帮助企业预测其服务或品牌未来的市场趋势。

（二）打破行业壁垒，共同开发新的商业模式

在全球化和数字化的背景下，传统的行业壁垒已经不再坚固，这种变化为制造业与服务业之间的合作创造了更多的可能性。打破行业壁垒，共同开发新的商业模式，已经成为越来越多企业的选择。这种选择不仅是为了应对日益激烈的市场竞争，更是为了寻找新的增长动力。在知识产权与数据资产的整合过程中，这种跨界合作表现得尤为突出。制造业与服务业在传统上被视为截然不同的领域，但在数字化的今天，这两个领域之间的界限已经变得模糊。数据为这两个领域提供了共同的语言和工具，使得它们可以更为紧密地合作。

例如：制造企业可能有着丰富的产品设计和制造经验，但它可能不太了解市场和用户的真实需求；服务企业可能掌握了大量的用户数据，但它可能没有足够的能力去开发新的产品。在这种情况下，两者可以选择合作。制造企业可以利用服务企业的用户数据，进行更为精准的产品设计和创新；服务企业可以利用制造企业的技术能力，为用户提供更为高质量的服务。这种合作的好处是显而易见的。首先，它可以帮助企业更为准确地把握市场趋势，减少市场风险；其次，它可以帮助企业更为高效地利用资源，提高竞争力；最后，它可以为企业带来新的商业机会，推动企业的持续增长。

（三）建立共赢的数据共享与知识产权交易机制

在当今数字经济的背景下，如何实现数据与知识产权的有机整合，为企业创造更大的价值，成为众多企业和研究者关注的焦点。而在这一过程中，一个公正、透明且可靠的交易机制显得尤为关键。区块链技术的出现，为这一问题提供了可能的答案。区块链技术的核心是一个去中

心化的、公开的、不可篡改的数据库,在这个数据库中,每一笔交易都会被记录下来,并且这些记录是不能被修改的。这种特性使得区块链技术在数据与知识产权的交易中具有天然的优势。

通过区块链技术,制造业与服务业可以在一个去中心化的平台上进行数据与知识产权的交易。这不仅可以确保交易的公正性和透明性,还可以大大提高交易的效率。

三、建立灵活的供应链生态

(一)融合多元数据源,实现供应链的透明化和预测化

供应链作为企业的生命线,其效率、灵活性与稳定性直接关系到企业的生产与服务质量。在现代经济体系中,数据已经从单一的信息记录转变为决策的关键,对于制造业与服务业的融合而言,数据资源的共享和融合显得尤为重要。大数据技术的进步,使得数据处理和分析的速度大大提高;云计算的发展,使得数据存储和共享变得更加简单和低成本。利用这两项技术,制造业与服务业可以对各自的数据进行融合,从而实现供应链各环节的透明化。

透明化的供应链意味着企业可以实时了解供应链中各个环节的状态,包括原材料的采购、生产的进度、物流的状态等。这种实时的信息获取,使得企业能够更加迅速地做出决策并应对市场的变化,从而提高其竞争力。除了透明化,数据的融合还可以实现供应链的预测化。预测化意味着企业不再仅仅是对现有的市场情况做出反应,而是能够根据历史数据和现有的市场趋势,预测未来的市场变化,从而提前做出策略调整。例如:通过对历史销售数据的分析,企业可以预测未来某一时期的销售量,从而调整生产计划,确保生产与市场需求的匹配。在传统的供应链管理中,各个环节往往是相互独立的;在数据融合的背景下,各个环节可以共享数据,实现真正的协同。例如:当生产线出现故障时,与之相关的物流企业可以实时得知,从而调整其运输计划,避免不必要的损失。

（二）利用先进技术，打造供应链的智能化和自动化

近年来，技术的快速进步为供应链管理带来了深刻的变革，尤其是物联网、人工智能与机器学习技术的深度应用为供应链注入了更高的智能化与自动化的能量，进而推动了制造业与服务业的紧密融合。

具体而言，物联网技术在供应链中的应用主要体现在对物资的实时监控与管理。每一个物品都可以被赋予一个独特的标识，通过物联网技术，这些物品可以在整个供应链中被实时追踪，这使得供应链管理者可以随时了解物资的流向，确保供应链的高效运转。例如：当某一物资出现延迟时，管理者可以及时做出调整，以确保供应链的稳定。人工智能技术为供应链带来了前所未有的决策支持。基于海量的数据分析，人工智能技术可以为供应链管理者提供有关市场需求、物流状态等的预测，使得决策更加精准。例如：在预测未来的市场需求时，人工智能技术可以分析过去的销售数据、社交媒体上的舆情等，为管理者提供一个更为准确的预测。机器学习技术也在不断地优化供应链的管理流程，机器学习模型可以根据过去的经验，自动调整供应链的策略，使其更加适应市场的变化。例如：当市场出现某一新的消费趋势时，机器学习模型可以根据过去的数据自动调整生产计划，以满足市场的新需求。

（三）构建开放的供应链生态，促进跨界合作与创新

在全球化和数字化时代，供应链不仅仅是物流和生产的简单组合，它已经成为企业间深度协同、共享资源和互利合作的平台。为了应对日益复杂的市场需求和消费者偏好，开放性的供应链生态正成为企业追求的方向，跨界合作与创新则成为这一生态中较为关键的部分。开放的供应链生态意味着企业不再单一地依赖传统的上下游合作模式，而是与不同行业、领域内的合作伙伴共同探索创新的商业模式和解决方案。这种开放性不仅体现在技术和数据的共享，还体现在思维模式和商业逻辑的变革。

制造业与服务业之间的融合为跨界合作提供了无限的可能性，制造业通常拥有完善的生产能力和技术积累，服务业则更加理解消费者的需求，因此两者的合作可以为产品和服务带来更多的附加值。举例来说，

某家电制造商可以与内容提供商合作，为其智能电视提供专属的影视内容；某家居制造商可以与室内设计公司合作，提供定制化的家居解决方案。开放的供应链生态还为企业带来了更为广泛的资源与信息接入。在这样的生态中，企业可以更容易地找到与自己的业务或产品相匹配的合作伙伴，从而实现快速的产品迭代和市场拓展。这不仅可以降低企业的研发成本和市场推广成本，还可以加速产品上市的速度。

第八章　结论与展望

第一节　研究总结

一、数字经济的特性与影响

（一）数字经济的新时代特征

近年来，随着信息技术的日新月异，数字经济逐渐显现出其独特性，并日益成为经济发展的重要驱动力。此种经济形态的核心特征，在于其对数据流、信息技术以及数字化知识的高度依赖。这三大要素，也成为数字经济与传统经济的本质区别。

本书通过对该领域的研究得出了一系列重要结论，现展开叙述。

一是数据流在数字经济中起到了至关重要的作用。在数字时代背景下，数据不仅仅是简单的数字，还代表了深厚的价值和潜在的商业机会。几乎所有的交易、互动和活动都会产生数据，这些数据经过分析和处理，可为企业带来新的洞察、解决方案和创新机会。因此，能够捕捉、分析和利用这些数据流的组织和个人，就在数字经济中拥有更大的竞争优势。二是信息技术成为数字经济的支撑。高速互联网、移动技术、物联网、云计算等技术的发展，不仅改变了人们的生活方式，也为经济活动提供了新的平台和工具。这种技术进步使得信息的传输和分享变得更加迅速、方便，进而推动了经济活动的效率和效益。三是数字化知识在数字经济中显得尤为关键。与传统的知识不同，数字化知识更为动态、共享且易于传播，这种知识的获取和利用，不仅增强了经济参与者的能力和智慧，还为整个经济生态创造了巨大的价值。

（二）全球经济趋势中的数字经济

目前，数字经济正逐渐成为全球经济增长的主要动力，对全球的经济格局产生了深远的影响。观察全球范围内的经济活动，可以发现数字经济在促进国际贸易、增加市场透明度和扩大消费者选择等方面起到了积极作用。数字化的交易和供应链管理使得全球贸易更加便捷高效，降低了传统的物流和交易成本。

在新的商业模式和创新方面，数字经济为许多初创企业和传统企业提供了空前的机会，如互联网、物联网、人工智能等技术使得企业能够以更低的成本进行市场测试、产品创新和客户服务，从而在竞争中获得优势。通过数字化，许多传统行业正在经历深刻的变革，创造出了新的商业价值。同时，信息的自由流动打破了传统的文化和社会壁垒，促进了文化交流和理解，但需要注意由此引发的文化冲突和价值观的碰撞等问题。

（三）数字经济对现代服务业与先进制造业的影响

在数字经济的推动下，现代服务业与先进制造业正在经历一场前所未有的变革，下面进行详细概述。

现代服务业在数字经济的影响下，显现出一种新的发展态势。大数据为服务业带来了精准的市场预测与客户分析能力。例如：通过对消费者行为的数据分析，企业能够更加精确地定位市场需求，为客户提供更为个性化的服务。云计算为服务业带来了高效的数据存储与计算能力，使得企业在处理大量的信息时更加迅速和高效。人工智能技术的应用，则为现代服务业带来了许多创新机会，大大提高了服务质量和效率。

再看先进制造业，数字化技术为其带来了生产效率的巨大提升。智能制造、自动化生产线和机器人技术的应用，都使得制造业的生产过程变得更加精准、高效和灵活。生产数据的实时采集和分析，使得企业能够对生产流程进行实时监控和优化，从而大大减少了浪费，提高了生产效率。通过物联网技术，制造企业可以实时追踪产品的全球销售和使用情况，从而进行更为精准的市场策略调整。

需要注意的是，尽管数字经济为现代服务业与先进制造业带来了诸多机遇，但也带来了一系列新的挑战。在服务业，如何确保数据隐私、如何防止数据滥用，以及如何处理因为自动化和人工智能带来的就业问题，都是需要深入研究和解决的问题。在制造业，如何确保智能化生产的安全、如何应对全球化带来的竞争压力，以及如何处理数字化带来的知识产权问题，都是值得关注的问题。

二、现代服务业与先进制造业的技术经济特征

（一）现代服务业的转型与创新

在数字经济的大背景下，现代服务业正处于一个关键的转折点，传统的服务模式正在被新的、基于数字技术的业务模式所取代。下面详细介绍几个明显的趋势和结论。

大数据分析技术允许服务提供者深入了解客户的需求和偏好。例如：通过对客户购物数据的分析，零售业可以为客户提供更为精准的推荐服务，提高销售额。云计算为服务提供者提供了高效的数据处理和存储能力，使得即使是小型的服务企业，也可以轻松处理大量的客户数据。人工智能技术的应用，则使得服务提供者能够为客户提供更加智能、个性化的服务。例如：在金融领域，基于 AI 技术的智能投资顾问正在成为一种新的趋势，新的业务模式和服务方式正在迅速崛起。其他领域的转型与创新也很明显，如远程医疗可以利用视频通信技术，病患在家中就可以得到医生的诊断和治疗建议，大大提高了医疗服务的便捷性；在线教育通过网络平台可以为学生提供更加灵活、个性化的学习方式，打破了传统的教育模式。

（二）先进制造业的智能化与网络化

对于先进制造业来说，数字化技术的崛起无疑是一个重大的发展机遇。本书进行了一系列的研究，重点关注了制造业的智能化和网络化两个关键领域。

在智能化方面，机器学习的应用为制造业提供了强大的数据处理能

力。在生产线上，可以通过机器学习算法预测设备的故障，从而提前进行维护，避免生产中断。物联网技术允许制造商实时监测每一个生产环节，确保生产过程的流畅和产品的质量。先进的生产线技术，如机器人和3D打印，为制造业提供了前所未有的生产效率和柔性。例如：3D打印技术可以快速生产出定制化的零件，满足消费者的个性化需求。

在网络化方面，跨地域、跨企业的生产链合作成为制造业的新趋势。数字技术为制造商提供了一个共享的平台，使得设计、生产到销售的每一个环节都可以实现无缝对接。例如：通过数字技术，制造商可以实时获取全球各地供应商的库存信息，从而确保生产材料的稳定供应。跨企业的生产链合作也为制造商提供了一个更大的市场，使得他们可以根据市场需求快速调整生产策略。

综上所述，数字化技术为先进制造业带来了前所未有的发展机遇，智能化和网络化的应用，不仅提高了制造业的生产效率，还提供了更大的市场空间。同时，要看到数字化技术带来的挑战，如何确保数据的安全性、如何提高生产线的稳定性、如何实现真正的跨企业合作，都是制造业在数字化转型过程中必须面对的问题。

（三）服务业与制造业的协同机制

本书研究发现，制造业的产品不再仅仅是简单的实体商品，其与服务业的结合使得产品的生命周期得以延长。例如：一个智能手机在出售后，除了硬件之外，还需要持续的软件更新、维护以及可能的云服务支持，这些都需要与服务业进行深度的结合。产品的价值不仅在于其物理属性，而且在于与之相关的服务。从这个角度来看，制造业的产品增值在很大程度上与服务业的协同作用是分不开的。而从服务业的角度来看，制造业为其提供了强大的技术支持。在当前的数字经济中，很多服务都需要借助先进的技术来实现。例如：线上支付、智能家居控制等服务，离不开制造业的硬件和技术支持。这样的协同作用使得服务业能够为客户提供更加便捷、智能的服务体验。

这种紧密的协同关系不仅仅局限于单一的产品或服务，而是在更广泛的领域中都可以找到其踪迹。例如：在智能制造领域，制造业可以为服务业提供定制化的硬件支持，服务业则可以为制造业提供智能化的软件解决方案。又如：在物流领域，制造业生产的产品需要通过服务业来实现高效的配送和售后，服务业则需要制造业提供的各种技术来实现物流的智能化和自动化。由此得出结论：在数字经济的背景下，服务业与制造业的协同机制正在经历一个深度的变革，二者之间的界限变得越来越模糊，协同的程度也越来越深，这种深度的协同不仅为企业带来了更大的市场机会，也为消费者提供了更多的价值。

三、服务业与制造业的协同发展

（一）二者间的交互与协同理论基础

传统的看似独立运行的服务业与制造业，其实在现代经济环境中有着密不可分的联系，不再是服务业为制造业提供服务，或者制造业为服务业生产所需的硬件，而是两者之间形成了一种新型的合作模式。这种模式的特点是制造业与服务业之间存在着强烈的互动和交互，双方都能从合作中获得利益。基于协同的理论基础发现，服务业与制造业紧密结合可以产生一种"1+1>2"的效应，即两者结合后所创造的价值远远大于各自独立发展所能带来的价值。具体来说，制造业为其产品引入服务元素不仅能够提高产品的附加值，还能够深化与客户之间的关系，提高客户的黏性；服务业可以通过制造业提供的技术和产品，更好地满足客户的需求，提供更加个性化、定制化的服务。

数字经济背景下，消费者的需求日益多样化和个性化，这为服务业与制造业的协同合作提供了机会。制造业可以通过引入服务元素，满足消费者对于个性化、智能化产品的需求；服务业可以借助制造业的技术，为消费者提供更加便捷、智能的服务体验。需要注意的是，如何平衡双方的利益，确保双方在合作中能获得公平的回报、如何在数字经济的背景下持续创新等，都是需要进一步研究和探讨的问题。

（二）协同的目标、任务与关键成功因素

本书确定了服务业与制造业的协同目标，这些目标包括提高生产效率、降低成本、加快创新速度和增加市场份额。提高生产效率意味着双

方需要共享资源，降低重复工作和浪费，从而实现更好的生产效果；降低成本涉及优化供应链、减少不必要的开支、提高资源利用率；加快创新速度和增加市场份额与提供更符合市场需求的产品和服务、快速响应市场变化等相关。为了达到上述目标，服务业与制造业需要合作完成一系列关键任务。这些任务包括但不限于资源共享、信息交流和技术创新。资源共享可以帮助双方更高效地利用各自的优势资源，如人力、物力和资金等；信息交流确保双方能够了解对方的需求、计划和限制，从而做出更合理的决策；技术创新不仅仅是制造业的任务，服务业也需要与时俱进，引入新技术，提供更先进的服务。

服务业与制造业的协同能够成功，并不仅仅在于技术或资源好，而在于双方的信任、双赢思维、灵活的合作机制以及持续的技术更新。信任意味着双方都相信对方会履行其承诺，不会采取损害对方利益的行动；双赢思维保证双方都能从合作中获得利益，而不是一方牺牲利益来满足另一方；灵活的合作机制允许双方根据实际情况调整合作策略和方法，而不是僵化地坚持某一种模式；持续的技术更新保证双方都能够获得最新的技术支持，不断提高其竞争力。

（三）数字技术在协同发展中的核心角色

本书明确指出，在数字经济时代，数据成为企业较为宝贵的资源。大数据分析不仅仅是对数据的处理和分析，更是一种能够洞察市场、预测未来的能力。通过对海量数据的分析，企业可以更为精准地洞察客户需求，预测市场变化，从而制定出更为精准的策略和决策。不仅如此，大数据还能够为产品设计、生产计划、库存管理等提供强大的数据支撑。云计算在其中起到了关键作用，传统的 IT 基础设施往往成本高昂，扩展困难，云计算则提供了一种灵活、高效、低成本的解决方案。无论是数据存储、处理，还是应用部署，都能通过云计算迅速完成。这为服务业与制造业的协同提供了强大的技术基础，确保双方都能够在较短的时间内获取所需的资源和服务。

除此之外，人工智能和机器学习的发展，为协同带来了更多的可能性。这些技术可以帮助企业实现自动化、智能化，确保企业从简单的数据分析到复杂的决策支持过程都能够得到有效的支撑。例如：在生产线上，机器学习可以帮助企业优化生产流程，提高生产效率；在服务领域，人工智能可以帮助企业提供更为个性化、智能化的服务。区块链技术则为服务业与制造业的协同提供了全新的合作模式，传统的合作往往基于中心化的平台，区块链则提供了一种去中心化、安全、透明的合作方式，双方可以在区块链上进行数据交换、合同签订、支付等，确保所有操作都是公开、透明、不可篡改的。

四、实践指导与策略建议

（一）针对数字化发展的战略建议

数字化不仅仅是一个技术趋势，更是现代企业生存和发展的关键。在这样的背景下，为了确保服务业和制造业能够协同发展，本书提出三点建议。一是技术是发展的基石。任何一个企业都需要把握数字化带来的技术机遇，包括但不限于云计算、大数据、人工智能等前沿技术，还要将其与实际业务相结合，创造新的价值。只有这样，企业才能在激烈的市场竞争中保持领先地位。二是人才是企业的核心资产。在数字化浪潮中，企业需要一批具备数字化思维、掌握先进技术的人才。因此，企业不仅要对内部员工进行培训和教育，确保他们能够掌握新技术和知识，还要在招聘时注重人才的数字化能力，确保企业在数字化转型中始终保持领先。三是市场是企业的舞台。在数字化背景下，消费者的需求和习惯都在发生变化，企业需要紧紧抓住这些变化，及时调整自己的产品和服务。企业不仅要确保现有的产品和服务能够满足市场的需求，还要不断创新，推出符合数字化趋势的新产品和服务。

（二）促进服务业与制造业协同发展的策略

在深入研究数字经济背景下的服务业与先进制造业协同发展后，笔者发现为了实现两者之间的真正融合，需要采取一系列的策略和措施。经过总结后，本书将切实可行的策略归纳为三个方面。一是深度合作是关键。在现代经济环境中，服务业与制造业之间的界限逐渐模糊，要实现两者的协同发展，就必须建立长期、稳定的合作关系。这不仅仅是简单的资源和信息共享，更重要的是在研发、生产、销售等各个环节中，双方都能够紧密合作，共同研发新产品和服务，满足消费者的多样化需求。二是共享平台为两者的协同发展提供了有力支撑。随着数字技术的发展，越来越多的企业开始建立各种共享平台，如供应链平台、研发平台等，这些平台不仅仅是技术的应用，更为服务业与制造业的合作提供了一个共同的"舞台"。在这里，双方都能够实时获取信息、共享资源、进行交流与合作，这不仅提高了工作效率，还为双方创造了更多的合作机会。三是文化整合不可忽视。虽然服务业与制造业在业务模式、工作方式等方面存在很大的差异，但要实现两者的协同发展，就必须确保双方在合作中有共同的目标和价值观，因此要强化企业文化的交流和融合。只有双方都能够认同并接受对方的文化和价值观，才能确保合作中的各个环节都能够顺利进行。

（三）实践指导方法

数字经济背景下，如何将现代服务业与先进制造业协同发展的策略真正转化为实践并发挥效果，始终是本书关注的重点。为了解决这一问题，本书深入挖掘了更好地实施相关策略的实践指导方法，具体如下。

一是案例分析是一个非常有效的工具。对于企业来说，有必要定期分析那些在协同发展中取得成功的案例，从这些案例中总结出哪些做法是有效的，哪些策略需要避免。这种方法不仅可以帮助企业了解市场上的新趋势，还可以为企业提供一个参考框架，使其能够在实际操作中规避错误。二是持续评估是确保协同发展策略能够有效实施的关键。为了确保数字化和协同发展的策略得到有效的实施，需要建立一个评估机制，定期检查相关的进程，看看哪些地方需要改进，哪些策略需要调整。这种方法不仅可以帮助企业及时发现问题，还可以确保策略的执行始终与市场的实际需求保持一致。三是外部合作在当今的经济环境中显得尤为重要。与高校、研究机构和行业协会等外部机构的合作，可以为企业提供一个宝贵的信息来源，这些机构通常都有大量的研究成果和市场信息，企业可以利用这些资源来优化自己的策略。

第二节 协同发展的未来趋势

一、智能化与自动化的融合

（一）用户体验的革命化升级

数字经济背景下，用户已经不再满足于传统的产品和服务，而是更加期望高效、智能、个性化的服务。对于制造业来说，智能化意味着更深入地了解用户的真实需求，从而实现产品的精准定制。这样的变革已经在多个领域中得到体现。例如：健康领域的服务提供者，通过穿戴设备收集的数据，能够为用户量身订制健身计划或饮食建议。这种精准的服务不仅可以满足用户的个性化需求，还能大大提高服务的效果和效率。自动化技术在其中起到了至关重要的作用，如无人驾驶技术、机器人技术以及其他先进的自动化技术不仅仅在制造过程中大大提高了效率，也在服务领域发挥了巨大的作用。例如：物流行业的自动化仓储和配送系统可以更快速、更准确地为用户送达商品；医疗行业的机器人手术技术不仅可以提高手术的成功率，还可以为患者提供更为安全、更为舒适的手术体验。

（二）新商业模式的崛起

随着数字经济的蓬勃发展，现代服务业与先进制造业之间的协同发展尤为突出，智能化与自动化的深度融合为双方带来了全新的商业模式的可能性。在过去，传统制造业的核心价值主要集中在产品的生产和销售环节，产品一旦走出工厂，与制造商之间的连接便趋于稀薄。但在数字经济的大背景下，这一模式正在发生着翻天覆地的变化。智能设备的普及和智能化技术的应用，使得制造商有了与用户持续连接的可能，从而形成了一个更加紧密、更具有持续性的商业关系。

以智能家居设备为例，未来家电制造商已经不再仅仅满足于为用户提供一次性的产品。通过设备内嵌的传感器和联网功能，制造商可以实时获取设备的运行数据，进而为用户提供更为精准的维护建议、自动软件更新等增值服务。这种模式不仅为制造商提供了更为稳定的收入来源，也为用户带来了更为舒适、更为便捷的使用体验。智能化与自动化的结合还为制造业开启了更为广阔的商业空间，利用这些技术，制造商可以为用户提供更为个性化的产品和服务，从而满足不同用户的不同需求。例如：通过用户行为数据的分析，制造商可以推荐更适合用户的产品或服务，从而提高用户的购买意愿和满意度。这种新的商业模式不仅仅局限于家电制造业，更会延伸至其他领域，如汽车领域、医疗领域、教育领域等。未来企业可以更为精准地定位目标市场，更为有效地满足用户的需求，从而实现业务的持续增长。

（三）资源与能源的最优配置

在数字经济的大潮下，各种技术不断涌现，为各行各业带来了深刻的变革。其中，智能化与自动化的深度结合为现代服务业与先进制造业带来了资源与能源的最优配置。想象一下，未来自动化生产线上的每一个细节都得到了严密的控制和精确的执行，每一个零件、每一个步骤，都按照精准的参数进行，每一环节的效率达到最大化，从而大大减少了浪费。自动化技术的应用，使得能源在生产过程中的利用率大大提高，减少了浪费。结合智能化技术，如物联网和 AI 算法，这种最优化得到了进一步的加强。例如：物联网的技术允许生产设备之间进行数据交换和沟通，能够实现设备之间的协同工作，确保每一个环节都能够得到最佳的支持；AI 算法能够对收集到的大量生产数据进行实时分析，从而动态调整生产策略，确保资源得到恰当和有效的利用。这种实时的、动态的生产调整，使得生产过程更为灵活，更能够适应市场的变化。在服务业中，这种最优配置同样得到了体现。例如：在物流和配送领域，传统的路径规划方式往往是固定的，不能够随时适应外部环境的变化，如交通状况、天气状况等。但智能算法可以根据实时的数据进行动态的路径规划，从而确保每一次的配送都是省时省力的。

二、业务模式的创新与变革

（一）定制化与按需生产

数字经济背景下，消费者对产品和服务的需求日趋多样化和个性化，传统的生产模式很难满足这种日益增长的多样化需求，因此现代服务业与先进制造业的协同越来越重要。定制化与按需生产正是这一变革的核心，这意味着制造业需要对每个消费者或消费群体提供专属的产品和服务。在过去，大规模生产和统一化的服务是提高效率的关键，但在当前的经济环境下，能够提供个性化产品和服务的企业更有竞争优势。数字技术同样为定制化与按需生产提供了可能，利用数字化设计和 3D 打印技术，制造企业可以快速响应消费者的定制需求，进行小批量或单件生产。这样不仅能够满足消费者的独特需求，还可以减少生产浪费和库存成本。同时，借助大数据和人工智能技术，服务提供者可以对消费者的喜好和行为进行深入分析，从而为其提供更为个性化的服务。例如：在餐饮业，根据消费者的饮食偏好，为其推荐适合的菜品或餐馆；在娱乐业，根据消费者的观影或听歌习惯，为其推荐符合其口味的影片或音乐。这种业务模式的转变，使得资源的利用更为高效，因为每一个生产或服务环节都是基于真实的需求，而不是基于预测。

（二）服务与产品的无缝整合

数字经济时代，技术与创新使得传统的制造业与服务业的界限变得越来越模糊。如今，消费者购买产品时，期望的不仅是实物产品本身，而且是期望得到一个全方位、多维度的体验。在这种背景下，制造企业应该转型，提供与产品密切相关的服务，为消费者创造更为深入的价值。这意味着在产品研发阶段，企业就需要考虑如何将服务与产品深度融合，如何利用数字技术为消费者创造更为完美的体验。因此，企业需要拥有强大的数字技术能力，能够利用大数据、云计算、人工智能等技术，为消费者提供智能化、个性化的服务。

（三）跨界合作与生态系统构建

传统意义上，竞争似乎更集中在具体的产品和服务上，但现如今，生态系统的构建与维护已成为企业赢得市场的关键。这种生态系统不是单一领域内的，而是涵盖多个领域，跨越多个行业界限。例如：数字经济背景下，消费者购买一款新汽车时，不再仅仅关心汽车的功能和性能，而更考虑整体的出行体验，包括购车时的金融服务、车辆的维护和升级、充电设施的便利性，甚至与其他智能设备的互联互通。因此，汽车制造商不得不与科技公司、金融机构和能源公司等进行深度合作，共同构建一个完整的出行生态系统。这种跨界合作的好处是显而易见的，对于企业而言，可以更好地利用各自的优势资源，降低成本、提高效率，更快地推出新的产品和服务；对于消费者而言，可以获得更为完整、便捷的体验，满足多样化、个性化的需求。但这种跨界合作也带来了挑战。如何确保各方的利益得到平衡、如何协调各方的工作、如何确保生态系统的稳定运行等问题，都需要企业进行深入的研究和探讨。因此，企业需要进行更为开放的创新，不能再满足于闭门造车，而是需要积极地与外部资源进行互动，吸收新的知识和技术，快速响应市场变化。

三、跨界合作与生态圈建设

（一）行业的互联与互通

数字经济的兴起，特别是数字技术的广泛应用，正在深刻地改变传统行业的运作方式。如今，行业之间原有的界限正逐步消融，这为各种跨界合作提供了有力的技术支持。以制造业和健康医疗为例，过去这两个领域似乎毫无交集，但现在，随着智能制造和物联网技术的发展，先进制造业与健康医疗领域的融合变得越来越普遍。未来，穿戴设备将成为主流，不仅可以为制造商提供新的产品线，还可以为健康医疗机构提供大量的实时健康数据。这些数据可以用于监测、预防和治疗各种疾病，为用户提供更为精准、个性化的健康管理服务。这种跨界融合为企业带来了双重好处：一方面，可以更好地满足消费者的多样化、个性化需求，提高用户满意度和忠诚度；另一方面，可以为企业带来新的盈利模式和增长点。例如：通过提供健康管理服务，制造商可以开拓新的服务领域，获得更高的附加值。不仅如此，跨界合作还可以帮助企业应对日益激烈的市场竞争。在数字经济下，单打独斗已经很难取得成功，只有通过与其他行业的合作，共同为消费者创造价值，企业才能在竞争中立于不败之地。

（二）协同创新与资源共享

数字经济背景下，跨界合作不再是简单地汇聚不同领域的优势资源，而是真正实现协同创新和资源共享。以制造业和高科技公司的合作为例，当制造业面临技术瓶颈时，高科技公司可以为其提供技术支持和解决方案，帮助制造业提升产品的技术含量和附加值。这种合作不仅可以满足市场对高技术产品的需求，还可以为高科技公司开拓新的市场和客户。反之，当高科技公司需要扩大生产规模时，制造业可以提供成熟的生产线和丰富的生产经验，确保产品的质量。传统模式下，服务业往往只是制造业的下游客户，负责产品的销售和服务，但在数字经济下，服务业不仅可以参与产品的设计和生产，还可以为制造业提供市场数据和用户反馈，帮助制造业更好地满足市场需求。这种合作为服务业带来了更高的附加值，也为制造业提供了新的盈利模式。但要实现真正的协同创新和资源共享，还需要解决一些关键的问题。例如：如何确保合作双方的知识产权得到保护、如何协调双方的利益和策略，以确保合作的稳定和长久，以及如何建立有效的合作机制，确保资源的有效利用和共享等问题都是未来需要深入探索的方向。

（三）构建开放的生态系统

在数字经济的浪潮下，生态系统的构建变得尤为重要，要构建一个有活力、有活跃度的生态系统，使各个参与方创造价值，为终端用户带来高效、便捷的服务体验。在这个系统中，每个参与方都能发挥自己的专长，共同为用户提供更为丰富、个性化的服务。但是，这样的生态系统不是随随便便就能建立起来的，它需要明确的目标、合理的规划、有效的管理，只有确保每个参与方都能从生态系统中获得公平的回报，这个系统才能够长久地运行下去。

第三节 对未来研究的建议

一、深入探究开放生态系统的构建与管理

（一）技术手段的优化与应用

如前所述，大数据和人工智能技术允许组织从大量的数据中提取有价值的信息，这些信息可以用来深入了解用户的行为、需求和偏好，从而提供更加个性化和高效的服务。例如：电商平台可以通过分析用户的购买历史和浏览行为，为用户推荐更合适的商品；金融机构可以通过分析用户的交易记录和信用历史，为用户提供更加合适的金融产品和服务。未来应用技术手段时，必须考虑到环境的可持续性和生态的稳定性，所选择的技术不仅要满足当前的需求，还要适应未来的变化和挑战。例如：在选择能源技术时，要考虑到技术的清洁性、可再生性和长期可靠性；在选择数据存储和处理技术时，要考虑到数据的安全性、隐私性和长期的存储需求。

（二）合作模式的创新与风险管理

要尽力满足生态系统中每个参与方的利益和需求，就要构建一个更加灵活的合作协议，该协议不仅要明确每个参与方的权利和义务，还要允许各方根据自己的实际情况进行调整和优化。例如：可以建立一个动态的利润分配机制，允许各方根据自己的贡献和投入进行利润分配。除了灵活性，合作模式的创新还需要考虑到生态系统的长期发展。为了确保生态系统的稳定性和可持续性，可以考虑建立长期合作关系，使各方在合作中都能够获得长期的回报，从而增强合作的积极性和稳定性。

在开放的生态系统中，风险是不可避免的，这些风险可能来自外部环境的变化，也可能来自参与方之间的矛盾和冲突。为了降低这些风险，需要建立有效的风险管理机制。一个有效的风险管理机制必然需要对风险进行识别和评估，包括对外部环境的分析，旨在识别可能影响生态系

统的变化和挑战，以及对内部参与方的分析，旨在识别可能出现的矛盾和冲突。除了风险识别和评估，还需要建立一个公平、透明的决策机制，确保每个参与方都能够参与决策过程，从而避免因为信息不对称或权力不平衡导致的风险。例如：可以建立一个共同的决策委员会，由各方代表组成，负责对生态系统中的关键问题进行讨论和决策。

（三）市场策略与用户需求的深度挖掘

市场策略是生态系统与外部环境互动的关键，为了使生态系统在竞争激烈的市场中占据有利位置，需要对市场进行深入的分析和研究，了解市场的趋势、竞争对手的策略、潜在的市场机会等，制定出有针对性的市场策略，吸引更多的合作伙伴和用户。并且，传统意义上的市场策略可能不再适应现代的市场环境，因此需要进行创新和优化。

用户是生态系统的核心，了解并满足用户的需求是生态系统发展的关键。为了更好地服务用户，需要进行深度的用户需求挖掘，了解用户的行为、习惯、需求和痛点。用户需求的挖掘不仅仅是了解现有的需求，还需要预测未来的需求，因为市场和用户的需求是不断变化的，需要保持敏锐的洞察力，才能捕捉到潜在的市场机会。未来应该考虑如何结合最新的技术和趋势来创新服务内容，或者如何通过数据分析和机器学习来预测用户的未来需求。

二、加强跨界合作的模式与机制研究

（一）跨界融合的策略与路径选择

在制定跨界融合策略时，需要深入理解每个参与行业的核心能力、文化和运营模式，确定以下几个关键因素。

一是共同的价值主张。找到两个行业都关心的问题或机会将是融合的核心。例如：健康医疗与科技行业可以围绕"健康数据"的价值主张进行融合。二是资源互补性。确保双方在资源、技能和知识上都有所补充，才能更好地实现协同效应。三是文化和沟通。不同行业可能有不同的工作文化和沟通方式，需要找到一个平衡点，确保双方都能够理解和接受。

确定策略后，还需要确定实施的路径，具体步骤如下。

一是市场和用户研究，深入了解目标市场的特点和用户的需求，确定双方可以共同创造的价值。二是模型和框架设计，根据研究结果，设计一个融合的商业模型和运营框架。三是试点和迭代，在小范围内进行试点，根据反馈进行迭代优化。四是规模化推广，当模型经过验证并优化后，可以在更大的范围内进行推广。需要注意的是，跨界融合并不总是成功的，即使策略和路径都确定得很好，但由于外部因素或实施过程中的问题，融合仍然可能失败。因此，持续的反思和学习是很重要的。

（二）跨界合作的风险评估与管理

两个或多个不同领域的行业或组织的结合会产生一种独特的化学反应，跨界融合的策略与路径选择，正是这一化学反应的关键部分。在深入研究这一问题之前，需明确跨界融合的核心价值是什么，以及它如何为各方带来利益。跨界合作为各方打开了新的视角，也带来了一系列挑战。如何在不同的行业文化、经营模式和价值观之间找到共同点，如何确保每一方都能从合作中获得公平的回报，如何平衡短期利益和长期发展都需要未来深入研究和探讨。

跨界融合首先需要明确目标，在明确目标的基础上，需要进一步确定各方可以共同创造的价值。明确了目标和价值之后，就要开始选择合作伙伴。这一步非常关键，因为不同的伙伴可能会带来不同的合作体验。需要考虑的因素包括合作伙伴的核心能力、市场定位、文化和价值观等。有了合作伙伴之后，还要设计合作模式，包括共同投资、设立合资公司、技术转让或其他形式的合作。每种模式都有其优势和风险，需要根据合作的目标和价值进行选择。需要注意的是，跨界合作中可能会出现各种风险，包括技术风险、市场风险、合作伙伴风险等，要对这些风险进行系统的评估，制定相应的管理策略，如技术验证、市场调研、信用评估等。总之，只有不断地优化和调整，跨界合作才能真正实现其价值和潜力。

（三）优化共赢的利益分配模式

跨界合作中的一个关键议题是如何确保双方或多方真正实现共赢，

即如何公正、透明地分配合作中产生的利益。优化共赢的利益分配模式是确保合作关系稳定、长远并且富有成效的基石。其中，合作中的各方都会有各自的贡献，这些贡献可能包括技术、资金、市场资源、品牌、管理经验等，对这些贡献进行准确的识别和评估是利益分配的基础。评估方法包括定量的经济分析、定性的市场调研以及专家咨询等。

有了对贡献的准确评估，就可以明确分配标准。这些标准需要公正、透明，要得到所有合作方的认同和支持。未来可以制定长期的合作协议，建立互信机制，定期进行合作评估和调整。任何合作都可能出现冲突，特别是涉及利益分配时，因此为了应对和管理这些冲突，需要建立有效的沟通机制、冲突解决机制以及争议仲裁机制，帮助双方或多方在出现问题时及时找到解决方案，确保合作关系的稳定性。

三、研究数字技术在协同发展中的作用

（一）数字技术在优化生产流程中的角色

数字技术提供了对生产过程中每一个环节实时监测的能力，其对生产流程的优化，意味着资源可以得到更高效利用。例如：通过对生产数据的实时分析，可以准确地知道什么时候、什么地方需要投入更多的资源，这不仅可以提高资源利用率，还可以大大降低成本。

通过数字技术，特别是物联网和大数据，企业可以实时监测设备的状态，预测维护需求，不需要等设备出现故障才进行维护，而是可以提前知道何时需要维护，从而避免因设备故障造成的生产中断，降低维护成本，延长设备的寿命。未来数字技术将为生产流程带来更高的灵活性，进一步提高市场响应速度，为制造业和服务业的深度融合奠定基础。

（二）利用数字技术提升服务体验

未来要立足数字技术精确地收集和分析客户的数据，包括偏好、消费习惯和行为轨迹。例如：利用大数据分析，预测用户可能的需求，从而提前为用户准备所需的服务。

在数字化的服务中，安全和隐私的保护显得尤为重要，未来应通过

加密、区块链等技术，进一步确保用户数据的安全和隐私，为用户提供更为透明的服务，使用户可以更放心地使用数字化技术。例如：可以利用数字技术，开发全新的服务模式和业务模型，满足用户不断变化的需求，为服务的迭代和优化提供依据，使服务可以持续地创新和完善。

（三）数字技术推动行业创新的机制

目前，利用数字技术进行市场分析已成为现代企业的标配。例如：利用社交媒体数据分析可以获取到用户的真实反馈和需求，为产品创新和市场策略的调整提供依据；利用增强现实和虚拟现实技术可以为产品设计和体验提供全新的视角；利用物联网技术可以使传统的物理产品变得"智能"，为用户提供更为便捷和智能的体验。数字技术为业务模式创新提供了无限的可能性，分享经济和平台经济等新的商业模式都是在数字技术的支持下产生的，这些新的商业模式不仅为企业提供了新的盈利方式，还为社会创造了巨大的价值。

随着数字技术的发展，未来各行业之间的界限变得越来越模糊，这为跨界合作奠定了基础。企业要具有快速响应市场变化的能力，迅速调整自己的策略，抓住市场的机会。例如，企业可以通过开放的平台和生态系统，与外部的开发者和合作伙伴共同创新。这种开放的创新模式可以帮助企业获取外部的资源和知识，提高创新的效率和效果。未来企业要进一步加强对数字技术的应用，推动行业创新。

四、对协同创新与资源共享的效益进行量化研究

（一）经济效益的量化评估

在未来的研究中，量化指标体系是评估经济效益的基石，这个体系应该全面考虑各种直接和间接的经济效益。直接经济效益包括但不限于降低的成本、增加的销售额和提高的市场份额，间接经济效益包括客户满意度的提高、品牌价值的提升和创新项目的长远投资回报率。

企业需要通过协同创新和资源共享来更快地响应市场变化，抢占市

场先机，从而提高市场份额，扩大市场覆盖范围，同时利用数据挖掘和大数据分析技术提取有价值的信息，为经济效益的量化评估提供支持。

（二）合理分配效益的策略研究

在未来的研究过程中，学术界应从以下几方面入手。

一是设计公平、透明的分配机制，确保合作中的每个参与者都能获得与其投入相应的回报，这是建立长期合作关系的基础。在设计分配机制时，需要明确每个参与者的职责、权利和期望收益，分配机制要公开、透明，并且可以根据合作的具体情况进行调整。二是制定合作协议，明确双方或多方的权利和职责。在协议中，不仅要明确双方的投入和预期收益，还要明确如何处理合作中可能出现的各种问题，如知识产权的归属、分工、风险承担等。合作协议的制定需要律师的参与，要确保协议的合法性和公正性。三是评估风险和收益。为了确保每个参与者都能获得与其承担风险相应的回报，需要对风险和收益进行详细的评估，包括对合作项目的市场前景、技术难度、投资需求等进行分析，确定每个参与者应该获得的合理收益。

除此之外，为了确保合作关系的稳定和长久，还需要建立一套有效的沟通和协调机制，包括定期的合作评估、问题处理、信息共享等，及时发现和解决合作中的问题，确保合作的稳定和长久。

（三）利用效益推动持续发展的路径探索

在未来的研究过程中，为了鼓励更多的合作伙伴加入，需要设计一个公平、透明的效益再分配机制，进一步深化合作。随着合作伙伴数量的增加和合作深度的加深，协同创新与资源共享的范围也会逐渐扩大。因此，未来的研究视角还可以考虑进入新的行业、新的市场，或者与来自不同领域的合作伙伴建立合作关系。这样不仅可以拓展业务范围，还可以获得跨界的创新机会。为了确保协同创新与资源共享的持续发展，需要建立一个有效的反馈机制，帮助各方及时了解合作的效果，找出存在的问题，并及时调整策略，为企业和行业的持续发展提供动力。

参考文献

[1] 孙金秀.基于国际竞争力视角的现代流通业与先进制造业协同性研究 [M]. 杭州：浙江大学出版社，2020.

[2] 潘世伟.建设创新驱动的世界城市：上海"十二五"发展规划思路研究 [M]. 上海：上海人民出版社，2011.

[3] 夏杰长.高新技术与现代服务业融合发展研究 [M].北京：经济管理出版社，2008.

[4] 魏江，周丹.生产性服务业与制造业融合互动发展：以浙江省为例 [M].北京：科学出版社，2011.

[5] 芮明杰，赵小芸.产业发展与结构转型研究：基于价值链重构：上海生产性服务业与先进制造业动态匹配研究（第2卷）[M].上海：上海财经大学出版社，2012.

[6] 汪传旭.经济转型时期的上海国际航运中心：从货物集散到资源配置 [M]. 上海：上海人民出版社，2012.

[7] 黄繁华，洪银兴.制造业基地发展现代服务业的路径 [M].南京：南京大学出版社，2010.

[8] 杨絮飞.我国现代服务业的主导产业选择及其发展战略研究 [M].北京：旅游教育出版社，2018.

[9] 孙杰光.现代服务业发展概论 [M].北京：中国金融出版社，2017.

[10] 朱建晨.现代服务业与先进制造业融合发展对绿色全要素生产率的影响研究 [D].兰州：兰州财经大学，2023.

[11] 刘雅楠.先进制造业与现代服务业的产业关联研究 [D].兰州：兰州财经大学，2022.

[12] 苏淑如.两业融合对制造业绿色全要素生产率的空间效应研究 [D].泉州：华侨大学，2022.

[13] 方吻吻.长三角现代服务业与先进制造业协调发展及其经济增长效应研究 [D].马鞍山：安徽工业大学，2022.

[14] 王欣.重庆市现代服务业与先进制造业融合发展水平测度研究 [D].重庆：重庆工商大学，2022.

[15] 赵文雨.先进制造业和现代服务业产业关联对劳动生产率影响研究 [D].郑州：河南财经政法大学，2021.

[16] 李梅.我国先进制造业与现代服务业融合发展对经济增长溢出效应的研究 [D].济南：山东财经大学，2021.

[17] 张肖婉.黑龙江省现代服务业与先进制造业协同发展研究 [D].哈尔滨：哈尔滨商业大学，2021.

[18] 刘根廷.四川省先进制造业与现代服务业深度融合发展研究 [D].成都：成都理工大学，2020.

[19] 刘成浩，陆莉营.数字化背景下辽宁省先进制造业与现代服务业融合需求与对策研究 [J].现代工业经济和信息化，2023，13（8）：22-23.

[20] 徐嘉，赵爽.京津冀协同发展背景下河北省先进制造业和现代服务业融合发展研究 [J].河北工程大学学报（社会科学版），2023，40（2）：1-8.

[21] 覃剑.三维度视角下的大湾区产业高水平协同发展 [J].开放导报，2023（3）：67-79.

[22] 李玉辉，杨书群."高质量发展看广东"专题②：佛山先进制造业与现代服务业融合的高质量发展研究：基于"广佛同城"的视角 [J].广东经济，2023（5）：21-26.

[23] 郑素芳，桂其成.河南省先进制造业与现代服务业协同发展研究 [J].现代工业经济和信息化，2023，13（4）：24-26.

[24] 许明，于雅."十四五"时期推动西安产业高质量发展研究 [J].城市，2023（1）：37-46.

[25] 王威.先进制造业和现代服务业融合发展路径研究 [J].中国国情国力，2022（12）：44-47.

[26] 李玉辉.新发展阶段河源现代服务业与先进制造业的融合发展研究 [J].新经济，2022（11）：95-101.

[27] 侯红昌.新发展格局下河南现代服务业高质量发展路径思考 [J].江苏科技信息，2022，39（31）：18-20.

[28] 路丽，刘慧．中国现代服务业与先进制造业耦合协调的时空演化 [J]. 技术经济与管理研究，2022（7）：95–100.

[29] 宋德军．突破"两业"融合短板 打造制造业强省 [J]. 奋斗，2022（1）：60–62.

[30] 董誉婷，李颖．天津先进制造业与现代服务业融合发展研究 [J]. 商场现代化，2021（4）：150–153.

[31] 靳艳．"科创＋产业"视域下合肥市先进制造业集群发展路径研究 [J]. 武汉商学院学报，2020，34（6）：34–38.

[32] 费丽明．实现先进制造业与现代服务业深度融合 [J]. 唯实，2019（12）：8–11.

[33] 詹同军．"中国制造 2025"背景下先进制造业与现代服务业协同发展路径选择 [J]. 产业与科技论坛，2019，18（17）：24–26.

[34] 王如忠，郭澄澄．全球价值链上先进制造业与生产性服务业协同发展机制：以上海市为例 [J]. 产经评论，2018，9（5）：30–43.

[35] 杨玉秀．京津先进制造业和服务业协同发展分析 [J]. 环渤海经济瞭望，2016（9）：6–9.

[36] 徐浩鸣．深圳区域中心城市非线性经济系统协同度模型及实证分析 [J]. 中国科技产业，2013（5）：59–66.

[37] 李崧．试论山东半岛先进制造业与服务业的协同发展 [J]. 青年记者，2011（8）：70–71.

[38] 周燕．江苏现代服务业集聚发展模式研究 [J]. 江苏商论，2009（11）：74–76.

[39] 李君安，廖雅欣．现代服务业和先进制造业深度融合的城市经验及启示 [J]. 江南论坛，2023（7）：45–49.

[40] 张灵，董阳．推动广东省先进制造业和现代服务业融合发展 [J]. 今日科苑，2021（12）：70–81、94.

[41] 胡霞，古钰．广东服务业与制造业互动融合对制造业转型升级的促进研究 [J]. 广东行政学院学报，2021，33（3）：89–96.

[42] 路丽，陈玉玲．我国制造业与生产性服务业协同水平测度及影响因素研究 [J]. 工业技术经济，2021，40（5）：155–160.

[43] 方凤玲．推动制造业与服务业深度融合 [J]. 服务外包，2021（2）：54–55.

[44] 张志超．推进先进制造业和现代服务业深度融合 [J]. 全国流通经济，2019（22）：146–147.

[45] 申利凯，刘燕玲，刘自帅 . 邢台市现代服务业发展水平判断及路径选择研究 [J]. 统计与管理，2017（6）：126–129.

[46] 郭海红 . 以现代服务业提升制造业竞争力的研究：试论青岛加快先进制造业发展的策略 [J]. 中国集体经济（下半月），2007（11）：19–20.

[47] 王玉珍 . 现代服务业与先进制造业的耦合与发展 [J]. 江苏行政学院学报，2008（5）：59–63.

[48] 广州大学、省政府参事室、省社科院联合课题组，张仁寿，陈池，等 . 把广州培育成为粤港澳大湾区产业协同发展的引领者 [J]. 广东经济，2020（12）：66–75.

[49] 刘立燕，宋捷羽 . 武汉先进制造业与现代服务业融合发展研究：基于武汉上市公司的视角 [J]. 江汉大学学报（社会科学版），2020，37（3）：71–79，126.

[50] 葛国耀，张永胜，李亮亮 . 粤港澳大湾区背景下龙岗区产业协同集聚研究 [J]. 广东经济，2020（4）：34–41.

[51] 尹舸 . 产业集群视域下哈长城市群协同发展路径 [J]. 北华大学学报（社会科学版），2019，20（6）：112–116.

[52] 张为付，李逢春 . 推动现代服务业创新发展的对策 [J]. 群众，2018（20）：30–32.

[53] 周景丽 . 山东省先进制造业与现代服务业融合动因分析 [J]. 科技视界，2017（24）：17–18.

[54] 王慧 . 新常态下辽宁现代服务业创新发展路径分析 [J]. 沈阳师范大学学报（社会科学版），2017，41（3）：29–35.

[55] 牛桂敏 . 紧抓京津冀协同发展机遇 促进天津"一基地三区"建设 [J]. 天津经济，2017（5）：3–8.

[56] 宣烨 . 新环境下江苏现代服务业的发展与规划建议 [J]. 规划师，2015，31（5）：25–29.

[57] 刘川 . 珠三角现代服务业与先进制造业融合发展趋势研究 [J]. 统计与决策，2015（2）：138–140.

[58] 杨伟，李晓华，张海珍，等 . 基于 L–V 模型的重庆两江新区生产性服务业与现代制造业协同发展实证研究 [J]. 西南大学学报（自然科学版），2019，44（2）：68–74.

[59] 王必锋，赖志花.京津冀高端服务业与先进制造业协同发展机理与实证研究 [J]. 中国流通经济，2016，30（10）：112–119.

[60] 邹玉娟."十三五"时期天津自贸试验区三大片区的联动发展 [J].港口经济，2016（3）：36–39.

[61] 刘川.产业转型中现代服务业与先进制造业融合度研究：基于珠三角地区的实证分析 [J].江西社会科学，2014，34（5）：59–65.

[62] 邹继.现代服务业与制造业协同发展战略研究 [J].市场周刊（理论研究），2012（5）：45–46.

[63] 黎彩眉.珠中江三市现代服务业协同发展探析 [J].中共珠海市委党校珠海市行政学院学报，2012（1）：54–59.

[64] 赵君，周启红.现代服务业与制造业协同发展研究：以湖北省为例 [J].商业时代，2010（36）：104–105.

[65] 臧书霞.现代服务业与制造业协同发展研究：基于江苏的分析 [J].江苏商论，2010（11）：107–109.

[66] 石忆邵，徐建华.南通市服务业发展机遇与战略重点 [J].南通大学学报（社会科学版），2005（3）：56–61.

[67] 郑吉昌，夏晴.现代服务业与制造业竞争力关系研究：以浙江先进制造业基地建设为例 [J].财贸经济，2004（9）：89–93.